Leaving Certificate
Ordinary Level

Irish

Elizabeth Wade
Yvonne O'Toole

The Educational Company of Ireland

Edco

Arna fhoilsiú ag

An Comhlacht Oideachais
Bóthar Bhaile an Aird
Baile Uailcín
Baile Átha Cliath 12

www.edco.ie

Ball den Smurfit Kappa ctp

© 2014 Elizabeth Wade, Yvonne O'Toole

Gach ceart ar cosaint. Ní ceadmhach aon chuid den fhoilseachán seo a atáirgeadh, a stóráil i gcóras aisghabhála ná a tharchur ar aon mhodh nó slí, bíodh sin leictreonach, meicniúil, bunaithe ar fhótachóipeáil, ar thaifeadadh nó eile gan cead a fháil roimh ré ón bhFoilsitheoir nó ceadúnas a cheadaíonn cóipeáil shrianta in Éirinn arna eisiúint ag Gníomhaireacht um Cheadúnú Cóipchirt na hÉireann, 25 Lána Denzille, Baile Átha Cliath 2.

ISBN: 978-1-84536-620-9

Clúdach: Identikit

Dearadh/Clóchur: Liz White Designs

Léitheoir profaí: Aoife Ní Cheallaigh

Grianghraif: Getty Images, Imagefile, iStock, Photocall Ireland, Shutterstock, Sportsfile, Taibhdhearc na Gaillimhe

Cóipcheart

Gabhaimid buíochas leo seo a leanas a thug cead dúinn ábhar dá gcuid a úsáid sa leabhar seo: Eastát Chaitlín Maude as 'Géibheann' le Caitlín Maude; An Sagart as 'Colscaradh' le Pádraig Mac Suibhne agus 'Mo Ghrá-sa (idir lúibíní)' le Nuala Ní Dhomhnaill; Cló Iar-Chonnachta as 'An tEarrach Thiar' le Máirtín Ó Direáin; www.beo.ie; www.foinse.ie; Póilín Ní Náraigh.

Rinne na foilsitheoirí a ndícheall teacht ar úinéirí cóipchirt; beidh siad sásta na gnáthshocruithe a dhéanamh le haon duine eile acu a dhéanann teagmháil leo.

12D20

CONTENTS

Réamhrá/Introduction | 1

Páipéar 1/Paper 1 1
Páipéar 2/Paper 2 2
Cluastuiscint/Aural exam 3
Béaltriail/Oral exam 3

Athscrúdaithe

1 Cluastuiscint/Aural Exam | 4

Exam guidelines 4
Exam techniques 4
Key vocabulary 5

Athscrúdaithe

2 Ceapadóireacht A – Giota Leanúnach/Blag | 10

Option A – Giota leanúnach/Blag/Essay/Blog 10
Exam guidelines 10
Exam techniques 10
Past exam questions 11
Key vocabulary 12
Giota leanúnach/blag samplach 1/Sample passage/blog 1 13
Giota leanúnach/blag samplach 2/Sample passage/blog 2 14
Giota leanúnach/blag samplach 3/Sample passage/blog 3 15

Athscrúdaithe

3 Ceapadóireacht B – Scéal | 19

Option B – Scéal/Story 19
Exam guidelines 19
Exam techniques 20
Past exam questions 20
Key vocabulary 22
Plean/Plan 25
Ábhair/Topics 27

Athscrúdaithe

4 Ceapadóireacht C – Litir/Ríomhphost | 44

Option C – Litir/Ríomhphost/Letter/E-mail 44
Exam guidelines 44
Exam techniques 45
Past exam questions 45
Part A: Litir phearsanta/Ríomhphost pearsanta
Personal letter/E-mail 48
Part B: Litir fhoirimeálta/Ríomhphost foirimeálta
Formal letter/E-mail 56

Athscrúdaithe

5 Ceapadóireacht D – Comhrá | 62

Option D – Comhrá/Conversation 62
Exam guidelines 62
Exam techniques 63
Past exam questions 63
Nathanna úsáideacha/Useful phrases 65

Athscrúdaithe

6 Léamhthuiscint/Comprehension | 72

Exam guidelines 72 ☐
Exam techniques 72 ☐
Foirmeacha ceisteacha/Key question forms 73 ☐
Past exam questions 74 ☐

Athscrúdaithe

7 Prós/Prose | 101

Exam guidelines 101 ☐
Exam techniques 101 ☐
Hurlamaboc 103 ☐
Seal i Neipeal 106 ☐
An Gnáthrud 109 ☐
Oisín i dTír na nÓg 113 ☐
Dís 117 ☐
An Lasair Choille 121 ☐
Cáca Milis 125 ☐

Athscrúdaithe

8 Filíocht/Poetry | 128

Exam guidelines 128 ☐
Exam techniques 128 ☐
Géibheann 130 ☐
Colscaradh 136 ☐
Mo Ghrá-sa (idir lúibíní) 142 ☐
An Spailpín Fánach 148 ☐
An tEarrach Thiar 155 ☐

Athscrúdaithe

9 Béaltriail/Oral Irish Exam | 162

Exam guidelines 162 ☐
Exam techniques: Beannú/Greeting (5 marks) 163 ☐
Exam techniques: Poetry reading (35 marks) 163 ☐
Exam techniques: Sraith pictiúr/Picture series (80 marks) 163 ☐
Exam techniques: Comhrá/Conversation (120 marks) 163 ☐

Plean Staidéir/Study Plan | 176

Athscrúdaithe

Réamhrá/Introduction

The Leaving Cert Irish exam is divided into three sections:

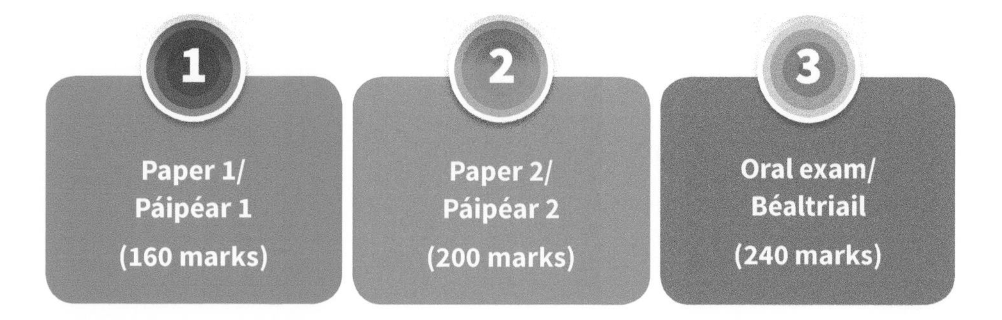

Páipéar 1/Paper 1 | 160 marks

Time allowed: 1 hour 50 minutes

There are two sections in Paper 1:

Cuid 1 – Cluastuiscint | 60 marks

Cuid 2 – Ceapadóireacht | 100 marks

You must answer any **two** of A, B, C, D (50 marks x 2):

- **A** is a *giota leanúnach/blag* – an essay/blog
- **B** is a *scéal* – a story
- **C** is a *litir/ríomhphost* – a letter/an e-mail
- **D** is a *comhrá* – a conversation

The easiest ones to do are B and C.

Páipéar 2/Paper 2 | 200 marks

Time allowed: 2 hours and 20 minutes

Ceist 1 - Léamhthuiscint/Comprehension (100 marks)

You must answer both reading comprehensions (50 marks x 2).

Ceist 2 - Prós/Prose (50 marks)

There is a choice between a set course (*cúrsa ainmnithe*) and an optional course (*cúrsa roghnach*). Most students study the set course as it is less confusing. On no account use the set course to answer questions on the optional course or vice versa, as you will get no marks at all if you make this mistake. Each question is worth **25 marks.**

Students have to study the following **five** pieces:

(i) Hurlamaboc
(ii) Seal i Neipeal **or** An Gnáthrud
(iii) Oisín i dTír na nÓg
(iv) Dís
(v) An Lasair Choille **or** Cáca Milis

Students will have to answer **two** of the above. There will be no choice of questions - two questions will be given and the two must be answered.

Ceist 3 - Filíocht/Poetry (50 marks)

There is a choice between a set course *(cúrsa ainmnithe)* and an optional course *(cúrsa roghnach)*. Most students study the set course as it is less confusing. On no account use the set course to answer questions on the optional course or vice versa, as you will get no marks at all if you make this mistake. Each question is worth **25 marks.**

Students have to study the following **five** poems:

(i) Géibheann
(ii) Colscaradh
(iii) Mo Ghrá-sa (Idir Lúibíní)
(iv) An Spailpín Fánach
(v) An tEarrach Thiar

Students will have to answer **two** of the above. There will be no choice of questions - two questions will be given and the two must be answered.

Cluastuiscint/Aural exam | 60 marks

The aural takes place at the start of Paper 1. At the start of the exam you might think that the CD is broken because there seems to be nothing happening! This is extremely valuable time and allows you to read through the questions and underline the key words like *cathain, cén fáth, cad chuige, cá fhad* etc. Don't waste this time looking around at your friends – read through the paper!

Write your answers in Irish but if an answer involves a number or a date, the answer can be written in figures, e.g. 20/3/2014, but **no English**!

There are **three** sections in the aural:

(i) **Cuid A:** *Fógraí* (2) – you will hear each *fógra* **twice.**

(ii) **Cuid B:** *Comhrá* (2) – you will hear each *comhrá* **twice.**

(iii) **Cuid C:** *Píosaí Nuachta* (2) – you will hear each *píosa nuachta* **twice.**

Béaltriail/Oral exam | 240 marks

The oral exam is divided into **four** sections:

(i) The greeting (5 marks)

(ii) The poetry reading (35 marks)

(iii) The series of pictures (80 marks)

(iv) The conversation (120 marks)

Remember

Practice makes perfect, so speak Irish as much as you can. You'll then be well able to talk to the examiner on the day about yourself, your family, school, area, hobbies, career plans, holidays and such like. The 13–15 minutes of the exam will fly, once you've prepared these topics!

Ádh mór oraibh sa scrúdú!

Elizabeth Wade & Yvonne O'Toole

1 Cluastuiscint/Aural Exam

Learning objectives

In this chapter you will learn about:

1 Useful phrases and vocabulary that relate specifically to the aural test

2 Exam tips on how to approach the aural test

3 The structure and timing of the aural test

Exam guidelines

Sixty (60) marks are allocated to the aural section of the exam. This is **10 per cent** of the overall exam. The aural is part of Paper 1 and will last for 20 minutes.

There are **three** sections in the aural:

- **Cuid A:** *Fógraí* (2) – you will hear each *fógra* **twice**, each played straight through.
- **Cuid B:** *Comhrá* (2) – you will hear each *comhrá* **twice**, each played straight through.
- **Cuid C:** *Píosaí Nuachta* (2) – you will hear each *píosa nuachta* **twice**, each played straight through.

Exam techniques

- Try to write as much as you can in your answers.
- Few marks are lost through spelling errors but **no marks are given for answers in English**, except where text has been in English on the CD (a name of a play, film, person etc.).
- Underline the question word at the start of the sentence (Cad? Cathain? etc.) – this will help you focus on what detail you really need to listen out for.
- Don't leave any blanks, even if you don't know the answer – guess!
- Write your answers in pencil, as this will keep your work neater and you can rub out any mistakes.
- Keep up with the CD – if you miss a question, leave it and move on.

Key vocabulary

Study the vocabulary below before practising the past aural exam.

Ceisteanna

Study the question forms below and then continue to study the vocabulary in this section.

Le Foghlaim

Cathain?	*When?*
Cén lá?	*What day?*
Cén t-am?	*What time?*
Cén uair?	*When?*
Cá fhaid?	*How long?*
Cad é an dáta deireanach?	*What is the last day?*
Cad é an spriocdháta?	*What is the closing date?*
Cén dáta a bheidh…?	*What day will…?*
Cén bhliain…?	*In what year…?*
Cén lá a bheidh…?	*What day will…?*
Cén oíche a bheidh…?	*What night will…?*
Cén…?	*What/Which…?*
Cad…?	*What…?*
Céard…?	*What…?*
Cén fáth/Tuige/Cad chuige…?	*Why…?*
Cá…?	*Where…?*
Cá háit…?	*Where…?*
Cén áit…?	*Where…?*
Cé…?	*Who…?*
Cén duine…?	*Who…?*
Conas/Cén chaoi…?	*How…?*
Cén sórt…?	*What sort of…?*
Cén táille…?	*What fee…?*
Cad a bheidh ar siúl…?	*What will be happening/taking place…?*
Cé mhéad…?	*How many/much…?*
Ainmnigh…	*Name…*
Luaigh…	*Mention/state…*
Cé a sheol…?	*Who launched…?*

Le Foghlaim

Focail thábhachtacha	Important words
Earcach	*Recruit*
Feidhmeannach	*Official*
Ionad	*Centre*
Rannóg na gceapachán	*Appointments' section*
Printíseach	*Apprentice*
Coláiste teicniúil	*Technical college*
Institiúid Teicneolaíochta	*Institute of Technology*
Cáilíochtaí	*Qualifications*
Pearsantacht thaitneamhach	*Pleasant personality*
Spriocdháta	*Closing date*
Líofa	*Fluent*
Scileanna	*Skills*
Rúnaíocht	*Secretarial work*
Taithí	*Experience*
Riarachán	*Administration*
Ríomhaireacht	*Computing*
Iarrthóirí	*Candidates*
Tuarastal	*Pay*
Duais	*Prize*
Comórtas	*Competition*

Le Foghlaim

Laethanta na seachtaine/Days of the week

Dé Luain	*Monday*	Ar an Luan	*On Monday*
Dé Máirt	*Tuesday*	Ar an Máirt	*On Tuesday*
Dé Céadaoin	*Wednesday*	Ar an gCéadaoin	*On Wednesday*
Déardaoin	*Thursday*	Ar an Déardaoin	*On Thursday*
Dé hAoine	*Friday*	Ar an Aoine	*On Friday*
Dé Sathairn	*Saturday*	Ar an Satharn	*On Saturday*
Dé Domhnaigh	*Sunday*	Ar an Domhnach	*On Sunday*

Le Foghlaim

Míonna na bliana/Months of the year

Mí Eanáir	*January*	Mí Iúil	*July*
Mí Feabhra	*February*	Mí Lúnasa	*August*
Mí an Mhárta	*March*	Mí Mheán Fómhair	*September*
Mí Aibreáin	*April*	Mí Dheireadh Fómhair	*October*
Mí na Bealtaine	*May*	Mí na Samhna	*November*
Mí an Mheithimh	*June*	Mí na Nollag	*December*

Foclóir ABC

Contaetha na tíre/Counties

Cúige Uladh	Ulster	Cúige Mumhan	Munster
Dún na nGall	*Donegal*	Corcaigh	*Cork*
Doire	*Derry*	Ciarraí	*Kerry*
Aontroim	*Antrim*	Tiobraid Árann	*Tipperary*
An Dún	*Down*	An Clár	*Clare*
Ard Mhacha	*Armagh*	Luimneach	*Limerick*
Muineachán	*Monaghan*	Port Láirge	*Waterford*
An Cabhán	*Cavan*		
Fear Manach	*Fermanagh*		
Tír Eoghain	*Tyrone*		

Cúige Laighean	Leinster	Cúige Chonnacht	Connacht
An Lú	*Louth*	Gaillimh	*Galway*
An Mhí	*Meath*	Maigh Eo	*Mayo*
Baile Átha Cliath	*Dublin*	Ros Comáin	*Roscommon*
Cill Mhantáin	*Wicklow*	Sligeach	*Sligo*
Loch Garman	*Wexford*	Liatroim	*Leitrim*
Cill Dara	*Kildare*		
Ceatharlach	*Carlow*		
Cill Chainnigh	*Kilkenny*		
Laois	*Laois*		
Uíbh Fhaillí	*Offaly*		
An Iarmhí	*Westmeath*		
An Longfort	*Longford*		

Foclóir

Bailte na tíre/Towns

Bailte i gCúige Uladh		Bailte i gCúige Laighean	
Bun Cranncha	*Buncrana*	An tInbhear Mór	*Arklow*
Béal Feirste	*Belfast*	Baile Átha Luain	*Athlone*
Gaoth Dóbhair		Dún Dealgan	*Dundalk*
Inis Ceithleann	*Enniskillen*	Droichead Átha	*Drogheda*
An Ómaigh	*Omagh*	Inis Córthaidh	*Enniscorthy*
Leitir Ceanainn	*Letterkenny*	Maigh Nuad	*Maynooth*
		An Uaimh	*Navan*
		Áth Fhirdia	*Ardee*
		Droichead Nua	*Newbridge*
		Nás	*Naas*
Bailte i gCúige Mumhan		**Bailte i gCúige Chonnacht**	
Cill Airne	*Killarney*	An Cheathrú Rua	
Cluain Meala	*Clonmel*	Baile na hAbhann	
Trá Lí	*Tralee*	Cill Chiaráin	
Durlas	*Thurles*	Ros Muc	
Inis	*Ennis*	An Spidéal	
Mala	*Mallow*	Béal Átha	*Ballina*
Dún Gharbháin	*Dungarvan*	Caisleán an Bharraigh	*Castlebar*

Foclóir

Tíortha agus cathracha/Countries and cities

Sasana	*England*
Albain	*Scotland*
An Bhreatain Bheag	*Wales*
An Bheilg	*Belgium*
An Fhrainc	*France*
An Ghearmáin	*Germany*
An Iodáil	*Italy*
An Spáinn	*Spain*
Na Stáit Aontaithe	*The United States*
Londain	*London*
Páras	*Paris*
Nua-Eabhrac	*New York*

Ábhair scoile	School subjects
An Ghaeilge	*Irish*
An Béarla	*English*
An Fhraincis	*French*
An Ghearmáinis	*German*
Matamaitic	*Maths*
Stair	*History*
Tíreolaíocht	*Geography*
Eolaíocht	*Science*
Ceol	*Music*
Staidéar gnó	*Business studies*
Eacnamaíocht bhaile	*Home economics*
Adhmadóireacht	*Woodwork*

Spórt	Sport
Peil ghaelach	*Gaelic football*
Sacar	*Soccer*
Rugbaí	*Rugby*
Cispheil	*Basketball*
Iománaíocht	*Hurling*
Camógaíocht	*Camogie*
Haca	*Hockey*
Leadóg	*Tennis*
Galf	*Golf*
Cluiche	*A game*
Foireann	*A team*
Réiteoir	*A referee*
Corn	*A cup*
Na Cluichí Oilimpeacha	*The Olympic Games*

Poist	Jobs
Slí bheatha	*A job*
Gairm bheatha	*A job*
Innealtóir	*An engineer*
Aturnae	*A solicitor*
Bainisteoir	*A manager*
Cuntasóir	*An accountant*
Siúinéir	*A carpenter*
Meicneoir	*A mechanic*
Dochtúir	*A doctor*
Múinteoir	*A teacher*
Rúnaí	*A secretary*

2 Ceapadóireacht A – Giota Leanúnach/Blag

Learning objectives

In this chapter you will learn about:

1. Useful phrases and vocabulary that relate specifically to the essay/blog
2. Exam tips on how to approach the essay/blog
3. How to structure and write a simple essay/blog

Option A – Giota leanúnach/Blag/Essay/Blog

Exam guidelines

- The *giota leanúnach/blag* forms option A of the *Ceapadóireacht* section on Paper 1.
- Long-term preparation is essential. Much of the basic vocabulary used in the *giota leanúnach/blag* can be prepared in advance and used repeatedly.
- Students are required to write on **two** of the following options: *giota leanúnach/blag, scéal, litir/ríomhphost* or *comhrá.*
- Choose the topics that you prepare carefully.
- Study the verbs in the *Aimsir Láithreach* and the *Aimsir Chaite*, as the *giota leanúnach/blag* is generally written in the present tense or past tense.
- Begin your preparation by drawing a plan at the back of your answer book. Sketch out the key points that you would like to make.
- When you have completed your *giota leanúnach/blag*, re-read it carefully to ensure that you have corrected any mistakes.

Exam techniques

- Spend five minutes studying your options before making a final choice.
- Underline the key words in the *giota leanúnach/blag* as you read it.
- Try to piece together the words to work out the type of story required.
- If you really do not understand it, move to the next option and work through it slowly.
- Begin to draw a rough plan once you have made your final decision.

Past exam questions

Scrúdú na hArdteistiméireachta

2014

(i) An tír is fearr liom.	(i) My favourite country.
(ii) Mo chairde.	(ii) My friends.
(iii) Is aoibhinn liom an ceol.	(iii) I love music.

2013

(i) Scannán a chonaic mé le déanaí.	(i) A film I saw recently.
(ii) Mo cheantar dúchais.	(ii) My native area.
(iii) Is aoibhinn liom an deireadh seachtaine.	(iii) I love the weekend.

2012

(i) Mo laethanta ar scoil.	(i) My schooldays.
(ii) Saoire iontach a bhí agam.	(ii) A wonderful holiday I had.
(iii) An teilifís – is breá liom é.	(iii) Television – I love it.

2011

(i) An t-am den bhliain is fearr liom.	(i) My favourite time of the year.
(ii) Duine a bhfuil meas mór agam air.	(ii) A person whom I greatly respect.
(iii) Is aoibhinn liom spórt.	(iii) I love sport.

2010

(i) An áit is fearr liom in Éirinn.	(i) My favourite place in Ireland.
(ii) Duine cáiliúil a thaitníonn go mór liom.	(ii) A famous person I really like.
(iii) Draíocht an cheoil.	(iii) The magic of music.

2009

(i) An lá ab fhearr a bhí agam riamh.	(i) The best day I ever had.
(ii) Samhradh na bliana 2008.	(ii) The summer of 2008.
(iii) Post páirtaimseartha a thaitin liom.	(iii) A part-time job I liked.

Remember

- Remember you pick only **one** topic.
- Pick the topic that you understand the best.
- If you are writing about your hobbies, your favourite sports person or TV programme, you write in the present tense – *an Aimsir Láithreach.*
- If you are writing about a day you spent shopping or fishing or something that scared you or made you happy, you write in the past tense – *an Aimsir Chaite.*

Key vocabulary

Here are some verbs that you can learn and use in your *giota leanúnach/blag*. They appear in the table below in both the present and past tense.

Le Foghlaim

Verb	Present tense	Past tense
Dúisigh – *wake up*	Dúisím – *I wake up*	Dhúisigh mé – *I woke up*
Éirigh – *get up*	Éirím – *I get up*	D'éirigh mé – *I got up*
Cuir – *put*	Cuirim – *I put*	Chuir mé – *I put*
Déan – *do/make*	Déanaim – *I do/make*	Rinne mé – *I did/made*
Ith – *eat*	Ithim – *I eat*	D'ith mé – *I ate*
Ól – *drink*	Ólaim – *I drink*	D'ól mé – *I drank*
Bí – *be*	Táim – *I am*	Bhí mé – *I was*
Téigh – *go*	Téim – *I go*	Chuaigh mé – *I went*
Tar – *come*	Tagaim – *I come*	Tháinig mé – *I came*
Rothaigh – *cycle*	Rothaím – *I cycle*	Rothaigh mé – *I cycled*
Clois – *hear*	Cloisim – *I hear*	Chuala mé – *I heard*
Feic – *see*	Feicim – *I see*	Chonaic mé – *I saw*
Féach – *look/watch*	Féachaim – *I look/watch*	D'fhéach mé – *I looked/watched*
Faigh – *get*	Faighim – *I get*	Fuair mé – *I got*
Léim – *jump*	Léimim – *I jump*	Léim mé – *I jumped*
Ceannaigh – *buy*	Ceannaím – *I buy*	Cheannaigh mé – *I bought*
Tabhair – *give*	Tugaim – *I give*	Thug mé – *I gave*
Tóg – *take*	Tógaim – *I take*	Thóg mé – *I took*
Imigh – *go*	Imím – *I go*	D'imigh mé – *I went*
Rith – *run*	Rithim – *I run*	Rith mé – *I ran*
Tosaigh – *start*	Tosaím – *I start*	Thosaigh mé – *I started*
Críochnaigh – *finish*	Críochnaím – *I finish*	Chríochnaigh mé – *I finished*
Imir – *play*	Imrím – *I play*	D'imir mé – *I played*

Foclóir ABC

Remember			
Is maith liom	*I like*	Mar	*Because*
Is aoibhinn liom	*I love*	Ach	*But*
Is breá liom	*I love*	Freisin	*Also*
Ní maith liom	*I don't like*	Go hálainn	*Lovely*
Is fuath liom	*I hate*	Uafásach	*Horrible*

Giota leanúnach/blag samplach 1/ Sample passage/blog 1

Timpistí bóthair/Road accidents

Read the sample passage/blog below on road accidents and note the key phrases.

Tarlaíonn a lán lán timpistí bóthair in Éirinn. Gach lá bíonn scéal ar an teilifís nó sna páipéir faoi thimpiste eile. Anuraidh fuair timpeall 200 duine bás ar na bóithre. Cén fáth a dtarlaíonn an méid sin timpistí ar na bóithre?

Téann a lán daoine amach ag tiomáint nuair atá siad ar meisce. Caitheann roinnt daoine an oíche sa teach tábhairne ag ól agus ag ól agus ansin téann siad isteach sa charr agus bíonn siad ag tiomáint. Cuireann daoine mar sin fearg an domhain orm. Tarlaíonn a lán timpistí i lár na hoíche mar go mbíonn daoine ag teacht abhaile déanach as an teach tábhairne nó as club oíche. Faigheann a lán daoine óga bás i dtimpistí bóthair mar go mbíonn siad ag tiomáint ar róluas. Ní thuigeann siad go bhfuil sé baolach a bheith ag tiomáint go róthapaidh agus mar sin bíonn a lán timpistí ann.

Tá cuid den locht le cur ar na bóithre freisin. Tá cuid de na bóithre róchúng agus bíonn a lán timpistí ann nuair a bhíonn carr ag scoitheadh thar charr eile. Tá a lán tiománaithe mífhoighdeach agus déanann siad rudaí baolacha ar na bóithre. 'Is fearr déanach nó choíche' mar a deir an seanfhocal agus is trua nach n-éisteann níos mó tiománaithe leis sin.

Foclóir ABC

Gluais			
Anuraidh	*Last year*	Locht	*Blame*
Ar meisce	*Drunk*	Róchúng	*Too narrow*
Teach tábhairne	*Pub*	Ag scoitheadh	*Overtaking*
I lár na hoíche	*In the middle of the night*	Tiománaithe	*Drivers*
Déanach	*Late*	Mífhoighdeach	*Impatient*
Ar róluas	*Speeding*	Is fearr déanach ná choíche	*Better late than never*
Baolach	*Dangerous*		

Ceacht

Bain triail anois as!/Have a go!

- Use the notes provided in this section to write short passages/blogs on the topics below.
- Read the instructions on the first page of this section before you begin.
- Check that all verbs are written in the correct tense.
- Read over your passage/blog to ensure that all mistakes have been corrected.

Scríobh giota leanúnach nó blag (leathleathanach nó mar sin) ar cheann amháin de na hábhair seo:/*Write a passage or a blog (half a page or so) on one of the following topics:*

(i) Daoine óga in Éirinn inniu.
(ii) Duine cáiliúil a bhfuil meas agam air (uirthi).
(iii) Spórt.

Top Tip!

Pastimes regularly appear on the examination paper. Write out a list of your favourite pastimes and try to prepare short paragraphs on them. You may need to revise notes in other sections of this book to help you. Now look at the sample on the next page.

Giota leanúnach/blag samplach 2/ Sample passage/blog 2

Ceol

Is aoibhinn liom ceol. Tá ceol an-tábhachtach dom. Éistim le ceol ó mhaidin go hoíche. Tá iPod agam agus is féidir liom éisteacht le ceol nuair a bhím ag siúl ar scoil agus ag teacht abhaile. Is aoibhinn liom an grúpa ceoil Éireannach U2. Tá siad ar fheabhas. Tá ceathrar sa ghrúpa agus tá clú agus cáil ar Bono ar fud an domhain. Anuraidh chuaigh mé go dtí ceolchoirm U2 i bPáirc an Chrócaigh. Oíche de mo shaol a bhí ann. Bhí sé dochreidte. Bhí atmaisféar iontach ann, na mílte is na mílte ann, gach duine ag canadh leis an ngrúpa.

Táimse féin i mo bhall de bhanna ceoil. Thosaigh mé agus beirt chairde an banna ceoil nuair a bhíomar san Idirbhliain. Seinnim mise na drumaí, seinneann mo chara Eoin an giotár agus is é Cian an t-amhránaí. Bímid ag cleachtadh gach Aoine tar éis scoile i mo theach. Tá mo mháthair bhocht cráite ag na drumaí ach nuair atáimid chomh saibhir le U2 beidh áthas uirthi gur cheannaigh sí na drumaí sin dom. Idir an dá linn beimid ag brionglóideach faoin am nuair a bheidh muidne ag seinm os comhair na mílte i bPáirc an Chrócaigh.

Foclóir ABC

Gluais

Is aoibhinn liom	*I love*	Ball	*Member*
Ó mhaidin go hoíche	*From morning until night*	Idirbhliain	*Transition year*
Ar fheabhas	*Excellent*	Ag cleachtadh	*Rehearsing*
Clú agus cáil	*Fame*	Cráite	*Tormented*
Dochreidte	*Unbelievable*	Idir an dá linn	*In the meantime*
Atmaisféar	*Atmosphere*	Ag brionglóideach	*Dreaming*

Ceacht

Scríobh giota leanúnach nó blag (leathleathanach nó mar sin) ar cheann amháin de na hábhair seo:/*Write a passage or a blog (half a page or so) on one of the following topics:*

(i) Caithimh aimsire – an tábhacht atá ag baint leo.
(ii) Nuair a thagann an samhradh.
(iii) An aimsir in Éirinn.

Top Tip!

Remember to use vocabulary that you learnt preparing for the oral Irish exam when preparing the essay/ blog.

Giota leanúnach/blag samplach 3/ Sample passage/blog 3

Fadhbanna a bhíonn ag déagóirí in Éirinn

Dar liomsa, is iomaí fadhb a bhíonn ag déagóirí in Éirinn. Tá déagóirí an lae inniu faoi bhrú mór. Cuireann an Ardteistiméireacht a lán brú orthu. Tá siad ag staidéar ó mhaidin go hoíche. Bíonn imní ar dhaltaí nach bhfaighidh siad na pointí chun dul ar aghaidh go dtí coláiste tríú leibhéal.

Tá an cúlú eacnamaíochta ag cur ísle brí ar a lán déagóirí inniu. Níl a lán post ann anois agus tá ar a lán daoine óga dul ar imirce (*emigrate*). Bíonn fadhbanna airgid sa chlann agus níl an t-airgead ann anois chun rudaí a cheannach. Bíonn teannas (*tension*) sa chlann uaireanta. Uaireanta bíonn déagóirí i gclanna le fadhbanna móra. B'fhéidir go bhfuil na tuismitheoirí scartha nó ag argóint an t-am ar fad.

Ar an drochuair, tá fadhb an óil agus na ndrugaí i measc roinnt daoine óga. Tosaíonn roinnt daoine óga ag ól nuair atá siad an-óg agus ansin bíonn siad gafa leis an ól nó leis na drugaí. Is iomaí cúis a bhíonn ag déagóirí chun tosú ag ól nó ag glacadh drugaí. B'fhéidir go bhfuil na fadhbanna thuasluaite acu nó b'fhéidir go bhfuil siad bréan den saol. Cibé cúis atá acu, tá trua agam do dhéagóirí atá gafa mar sin.

Foclóir ABC

Gluais

Dar liomsa	*It's my opinion*	Scartha	*Separated*
Is iomaí	*There are many*	Ar an drochuair	*Unfortunately*
Faoi bhrú	*Under pressure*	I measc	*Amongst*
Nach bhfaighidh siad	*That they will not get*	Gafa	*Addicted*
In ísle brí	*Depressed*	Thuasluaite	*Mentioned above*
B'fhéidir	*Perhaps*	Bréan	*Bored/fed up*

Ceacht

Bain triail anois as!/Have a go!

- Use the notes provided in this section to write short passages/blogs on the topics below.
- Read the instructions on the first page of this section before you begin.
- Check that all verbs are written in the correct tense.
- Read over your passage/blog to ensure that all mistakes have been corrected.

Scríobh giota leanúnach nó blag (leathleathanach nó mar sin) ar cheann amháin de na hábhair seo:/*Write a passage or a blog (half a page or so) on one of the following topics:*

(i) Nuair a thagann an geimhreadh.

(ii) Laethanta saoire.

(iii) Ríomhairí.

Top Tip!

Keep a notebook for phrases that might help you to write short passages/blogs. Collect the phrases and use them when you are preparing for the oral Irish.

Na meáin chumarsáide/ The media

Study the vocabulary below and try to write a short paragraph on the media.

Foclóir ABC

An teilifís	TV
Clár	*A programme*
Cláir	*Programmes*
Clár nuachta/cainte/faisnéise/ siamsaíochta/eolaíochta/cócaireachta/ grinn	*A news/chat/documentary/entertainment/ science/cooking/comedy programme*
Físeáin	*Videos*
Ag plé cúrsaí reatha	*Discussing current affairs*
Galúntraí/sobalchláir	*Soaps*
Láithreoir	*A presenter*
Fógraí	*Advertisements*
Do thuairim	*Your opinion*
Buntáistí agus míbhuntáistí	*Advantages and disadvantages*
Measaim gur áis iontach é	*I think it's a great facility*
Do dhaoine tinne/aosta/uaigneacha	*For people who are sick/older/lonely*
Is féidir linn eolas a fháil ó chláir faoi...	*We can get information from programmes about...*
Is áis foghlama agus siamsaíochta í an teilifís	*The television is both educational and entertaining*
Bheinn caillte gan í	*I would be lost without it*
Iontach/foréigneach/beoga/ corraitheach/neamhréadúil/greannmhar/ taitneamhach/gruama/uafásach/ réalaíoch	*Great/violent/lively/exciting/unrealistic/ funny/enjoyable/gloomy/awful/realistic*
An iomarca foréigin	*Too much violence*
Téimid i dtaithí ar na scéalta uafáis	*We become used to the terrible stories*
Chun an lucht féachana a mhealladh	*To attract the viewers*

Use the notes on page 18 to write a passage/blog on computers.

Foclóir ABC

Ríomhairí	Computers
Ríomhaire pearsanta	*A personal computer*
An t-idirlíon	*The internet*
Cluichí ríomhaire	*Computer games*
Ríomhphost	*E-mail*
Scáileán	*Screen*
Ní bhíonn orainn bogadh as ár dtithe chun bualadh le daoine	*We don't have to move from our houses to meet people*
Earraí a cheannach	*To buy things*
Is féidir gach rud a dhéanamh ar an scáileán beag	*Everything can be done on the small screen*
Míphearsanta	*Impersonal*
Dainséarach	*Dangerous*
Níl aon smacht ar an idirlíon	*There's no control on the internet*
Cinsireacht	*Censorship*
Mí-oiriúnach	*Unsuitable*
Bíonn an iomarca cumhachta ag ríomhairí orainn	*Computers have too much control over us*

Foclóir ABC

Nuachtáin	Newspapers
Iris	*A magazine*
Páipéar nuachta	*A newspaper*
Nuachtáin laethúla/sheachtainiúla	*Daily/weekly newspapers*
Scéalta móra an lae	*The big stories of the day*
Foghlaimítear	*One learns*
Tuairisceoir	*A reporter*
Ceannlíne	*Headline*
Scríbhneoir/eagarthóir/foilsitheoir	*Writer/editor/publisher*
Iriseoir	*Journalist*
Nuachtán tablóideach	*A tabloid newspaper*
Leathanach teilifíse	*The TV page*
Cúrsaí gnó	*Business matters*
Faisean	*Fashion*
Léirmheas leabhair	*Book review*

Ceapadóireacht B – Scéal 3

Learning objectives

In this chapter you will learn about:

1. Useful phrases and vocabulary that relate specifically to the story
2. Advice and exam tips on how to approach the story
3. How to structure and write a simple story

Option B – Scéal/Story

Exam guidelines

- The *scéal* forms option B of the *Ceapadóireacht* section on Paper 1 of the exam.
- Students are required to write on **two** of the following options: *giota leanúnach/blag, scéal, litir/ríomhphost* or *comhrá.*
- The *scéal* requires you to write a narrative or story.
- It must be 15–20 lines long.
- Two narratives are set and you may choose one from these.
- Fifty (50) marks are allocated to the *scéal.*
- Long-term preparation is essential, as much of the basic vocabulary used in the *scéal* can be prepared in advance and used repeatedly.
- Choose carefully the topics that you prepare.
- Study the verbs in the *Aimsir Chaite*, as the *scéal* is generally written in the past tense.
- Begin your preparation by drawing a plan at the back of your answer book. Sketch out the key events that you would like to describe. Look at the example on pages 25–26.
- When you have completed your *scéal*, re-read it carefully to ensure that you have corrected any mistakes.

Exam techniques

- Spend five minutes studying your options before making a final choice.
- Underline the key words in the *scéal* as you read it.
- Try to piece together the words to work out the type of story required.
- If you really do not understand it, move to the next option and work through it slowly.
- Begin to draw a rough plan once you have made your final decision.

Past exam questions

Ceap scéal (leathleathanach nó mar sin) a mbeidh ceann de na sleachta seo a leanas oiriúnach mar thús leis.
Compose a story (half a page or so) where one of the passages below is suitable as a beginning.

2014	
Bhí mé féin agus mo chara ag siúl sna sléibhte. Go tobann, thit ceo trom timpeall orainn. Bhíomar i dtrioblóid...	*Myself and my friend were walking in the mountains. Suddenly a fog surrounded us. We were in trouble...*
Nó	
Bhí mé amuigh ag rith. Bhuail mé le mo chara. Bhí fearg an domhain air/uirthi...	*I was out running. I met with my friend. He/she was terrified...*

2013	
Thit an pláta ina smidiríní ar an urlár. Bhí sicín rósta, glasraí agus prátaí i ngach áit. Las m'aghaidh le náire...	*The plate broke into little pieces on the floor. There was roast chicken, vegetables and potatoes everywhere. My face lit up with embarrassment...*
Nó	
Bhí mo thuismitheoirí as baile. Tháinig mo chairde go léir chuig mo theach. Thosaigh an chóisir (an féasta)...	*My parents were away from home. All my friends came to my house. The party (feast) started...*

2012	
Chonaic mé an liathróid ag teacht i mo threo. D'fhéach mé timpeall orm, ní raibh aon duine in aice liom. Léim mo chroí le háthas...	*I saw the ball coming in my direction. I looked around, there was no one near me. My heart jumped for joy...*

Nó

'Uisce! Uisce! Tabhair dom uisce,' arsa mise os ard...	*'Water! Water! Give me water,' I said out loud...*

2011	
Bhí mála codlata, *wellies* agus bia agam. Bhí mé réidh don deireadh seachtaine...	*I had a sleeping bag, wellies and food. I was ready for the weekend...*

Nó

'Bí cinnte nach dtéann tú isteach sa pháirc mhór ar thaobh an chnoic,' arsa an feirmeoir liom. Bhí brón orm nár éist mé leis an rud a dúirt sé...	*'Make sure you don't go into the big field at the side of the hill,' the farmer said to me. I was sorry I didn't listen to him...*

2010	
Chonaic mé an liathróid ag teacht i mo threo. D'fhéach mé timpeall orm, ní raibh aon duine in aice liom. Léim mo chroí le háthas...	*I saw the ball coming in my direction. I looked around, there was no one near me. My heart jumped for joy...*

Nó

Bhí brón orm gur thóg mé mo chara liom ar saoire mar bhí sé/sí ag gearán an t-am go léir.	*I was sorry I had taken my friend with me on holidays because he/she was complaining the whole time.*

Remember

- In most stories the writer describes the scene and the setting. For example, you might describe a house, room or youth club on a particularly cold, wet, wintry night. In addition, you might continue to describe the events that took place on that particular night. Many students describe emotions of fear, happiness or sadness throughout their stories. They describe characters and their reactions to the events of the stories.
- Always remember that *you* are writing the story and you can therefore control the events that take place in the story.
- The general notes below are very important in preparing, comprehensively, for the *scéal*. Learn the phrases and incorporate them into short stories that you write.
- Begin by writing a sentence or two and develop your writing skills by composing short linked paragraphs.

Key vocabulary

Briathra/Verbs

It is essential for you to include a wide range of verbs in the *Aimsir Chaite* or past tense throughout your *scéal*. Learn the verbs below and practise writing sentences with them.

Le Foghlaim

Rith mé	*I ran*	D'fhoghlaim mé	*I learned*
Sciorr mé	*I skidded*	D'ionsaigh mé	*I attacked*
Shiúil mé	*I walked*	Ghortaigh mé	*I injured*
Shleamhnaigh mé	*I slipped*	Labhair mé	*I spoke*
D'fhág mé	*I left*	Dhúisigh mé	*I woke*
Chas mé	*I turned*	Shroich mé	*I arrived*
Chodail mé	*I slept*	Cheangail mé	*I tied*
Chabhraigh mé	*I helped*	Chuaigh mé	*I went*
D'fhiafraigh mé	*I asked*	Phléasc mé	*I exploded*
Mharaigh mé	*I killed*	Shábháil mé	*I saved*
D'fháisc mé	*I squeezed*	Thaistil mé	*I travelled*
Ghlaoigh mé	*I called*	D'éalaigh mé	*I escaped*
Bhrostaigh mé	*I hurried*	Thiomáin mé	*I drove*
D'íoc mé	*I paid*	Cháin mé	*I criticised*
Stán mé	*I stared*	D'ith mé	*I ate*
Cheistigh mé	*I questioned*	D'ól mé	*I drank*
D'admhaigh mé	*I admitted*	Gháir mé	*I roared*
Mhol mé	*I praised*	Bheartaigh mé	*I decided*
Thaispeáin mé	*I showed*	Thug mé	*I gave*
Scrios mé	*I destroyed*	Rinne mé	*I did*

Samplaí/Samples

Phléasc mé amach ag gáire nuair a chonaic mé mo chairde ar an stáitse.
I burst out laughing when I saw my friends on the stage.

Dhúisigh mé go tobann nuair a chuala mé an torann.
I woke up suddenly when I heard the noise.

Always set your story on a particular day/month or season and describe the weather at that particular time. This shows the examiner that you have prepared for this question and that you have a good range of vocabulary.

Le Foghlaim

Na séasúir/The seasons			
An tEarrach	*Spring*	I lár an earraigh	*In the middle of spring*
An Samhradh	*Summer*	I lár an tsamhraidh	*In the middle of summer*
An Fómhar	*Autumn*	I lár an fhómhair	*In the middle of autumn*
An Geimhreadh	*Winter*	I lár an gheimhridh	*In the middle of winter*

Le Foghlaim

Laethanta na seachtaine/Days of the week			
Dé Luain	*Monday*	Dé hAoine	*Friday*
Dé Máirt	*Tuesday*	Dé Sathairn	*Saturday*
Dé Céadaoin	*Wednesday*	Dé Domhnaigh	*Sunday*
Déardaoin	*Thursday*		

Le Foghlaim

Míonna na bliana/Months of the year			
Eanáir	*January*	Iúil	*July*
Feabhra	*February*	Lúnasa	*August*
Márta	*March*	Meán Fómhair	*September*
Aibreán	*April*	Deireadh Fómhair	*October*
Bealtaine	*May*	Samhain	*November*
Meitheamh	*June*	Nollaig	*December*

Le Foghlaim

An t-am/Time			
A ceathair a chlog	*Four o'clock*	Cúig tar éis a deich	*Five past ten*
A naoi a chlog	*Nine o'clock*	Deich tar éis a trí	*Ten past three*
A dó dhéag	*Twelve o'clock*	Ceathrú tar éis a dó	*Quarter past two*
A haon a chlog	*One o'clock*	Fiche tar éis a trí	*Twenty past three*
A seacht a chlog	*Seven o'clock*	Fiche cúig tar éis a haon	*Twenty-five past one*
A deich a chlog	*Ten o'clock*	Leathuair tar éis a hocht	*Half past eight*

Samplaí/Samples

Ar a trí a chlog shroicheamar an trá.
At three o'clock we reached the beach.

Ar a leathuair tar éis a deich chualamar cnag ar an doras.
At half past ten we heard a knock on the door.

An aimsir/The weather

Le Foghlaim

Drochaimsir/Bad weather	
Bhí scamaill dhubha mhóra sa spéir	*There were big black clouds in the sky*
Maidin fhuar earraigh a bhí ann	*It was a cold spring morning*
Bhí sé ag stealladh báistí	*It was lashing rain*
Bhí gaoth fheannaideach ag séideadh	*There was a cold wind blowing*
Oíche dhubh dhorcha a bhí ann	*It was a black dark night*
Bhí mé préachta leis an bhfuacht	*I was frozen with the cold*
Bhí brat bán sneachta ar an talamh	*There was a white covering of snow on the ground*
Chonaic mé splanc thintrí	*I saw a flash of lightning*

Le Foghlaim

Dea-aimsir/Good weather	
Lá breá brothallach a bhí ann	*It was a lovely fine day*
Ní raibh puth gaoithe ann	*There wasn't a puff of wind*
Lá breá gréine a bhí ann	*It was a lovely sunny day*
Oíche gheal a bhí ann	*It was a fine night*
Bhí na héin le cloisteáil ag canadh sna crainn	*The birds were to be heard singing in the trees*
Luíomar faoi theas na gréine	*We lay under the heat of the sun*

Samplaí/Samples

Maidin bhreá i lár an earraigh shiúil mé go mall i dtreo na scoile.
One fine morning at the beginning of spring I walked slowly in the direction of school.

Oíche fhuar gheimhridh a bhí ann nuair a rothaigh mé féin agus mo chara abhaile ón gclub óige.
It was a cold winter's night when my friend and I cycled home from the youth club.

Practise... practise...

Pick some phrases from the panels on p.24 and compose sentences about the weather.

Le Foghlaim

Mothúcháin agus tuairimí/Emotions and opinions	
Bhí áthas an domhain orm mo chairde a fheiceáil arís	*I was delighted to see my friends again*
Bhí mé uaigneach, brónach sa teach i m'aonar	*I was lonely and sad in the house on my own*
Bhí aiféala orm gur bhris mé na rialacha	*I regretted that I had broken the rules*
Bhí gliondar orm mo mhadra a fheiceáil arís	*I was delighted to see my dog again*
Chuala mé pléascadh ollmhór taobh amuigh den doras	*I heard a big explosion outside the door*
Rith mé ar nós na gaoithe	*I ran like the wind*
Bhí mé ag bárcadh allais	*I was sweating*
D'alp mé siar mo dhinnéar	*I gulped down my dinner*
D'fhéach mé idir an dá shúil uirthi	*I looked at her between the two eyes*
D'oscail mé an doras go mín réidh	*I opened the door gently*
Rug mé greim daingean air	*I grabbed hold of him*

Plean/Plan

Cóisir/Party

- There is a plan of a story about a party on the next page.
- Look at the different phases of the story.
- Try to add a few extra lines to this story.
- Remember that your story should be only 15–20 lines long.

Bhí áthas an domhain orm nuair a fuair mé cuireadh chun dul chuig cóisir i dteach Sheáin. Chuir mé téacs chuige ag rá go mbeinn ann ar a naoi a chlog. D'fhág mé slán ag mo thuismitheoirí agus rith mé amach an doras go tapa.

I was delighted when I got an invitation to a party in Seán's house. I sent him a text to say that I would be there at nine o'clock. I said goodbye to my parents and ran out the door quickly.

Oíche dhubh dhorcha a bhí ann nuair a d'fhág mé mo theach chun bus a fháil chuig an gcóisir. D'fhan mé go foighneach ag stad an bhus. Tar éis tamaill chonaic mé mo chara Niamh agus thug a Daid síob dom.

It was a black dark night when I left my house to get a bus to the party. I waited patiently at the bus stop. After a while I saw my friend Niamh and her dad gave me a lift.

3

Bhí mo chairde go léir ag an gcóisir romham. Chuaigh mé isteach sa seomra suí chun bualadh le mo chairde scoile.

My friends were all at the party before me. I went into the sitting room to meet with my schoolfriends.

B'uafásach an radharc a bhí os mo chomhair amach. Déagóirí ag tógáil drugaí agus ar meisce agus daoine eile ina gcodladh ar an urlár. Bhí ionadh an domhain orm.

It was a terrible sight in front of me. Teenagers taking drugs and drunk and others sleeping on the floor. I was astonished.

Ba léir go raibh tuismitheoirí mo charad as baile. Bheartaigh mé an teach a fhágail láithreach.

It was clear that my friend's parents were away from home. I decided to leave the house immediately.

Bhí mé ar tí an teach a fhágáil nuair a chuala mé cnag ar an doras. Na Gardaí a bhí ann. Nuair a chonaic siad céard a bhí ag tarlú sa teach chuir siad stop leis an gcóisir. Bhí ar mo chara an teach a ghlanadh.

I was about to leave the house when I heard a knock on the door. It was the Gardaí. When they saw what was happening in the house, they stopped the party. My friend had to clean the house.

Ábhair/Topics

It is possible to divide the topics that are set on the exam paper into two broad categories:

1 Topics that are based on happy or exciting events.
2 Topics that relate to accidents, robberies or frightening events.

Foclóir ABC

1 Happy or exciting events	
Ceolchoirm a chonaic mé	*A concert that I saw*
Cóisir a bhí ag mo chara	*A party that my friend had*
Saoire a chaith mé faoin tuath	*A holiday I spent in the country*
Cuireadh a fuair mé	*An invitation I received*
An lá a bhuaigh mé an crannchur	*The day I won the Lotto*
Cluiche nó comórtas ar ghlac mé páirt ann	*A match or a competition that I took part in*
Cuairt an Uachtaráin chuig an scoil	*The President's visit to the school*

Foclóir ABC

2 Frightening events	
An oíche a chaith mé i bhfeighil an tí	*The night I spent in charge of the house*
An uair a theip ar inneall an chairr	*The time the engine of the car failed*
Timpiste a tharla dom	*An accident that happened to me*
Dóiteán	*Fire*
An oíche a bhris an gadaí isteach sa teach	*The night the robber broke into the house*
Geit a baineadh asam ar scoil	*A fright I got in school*
Eachtra a tharla ar scoil	*An event that happened at school*

Ceolchoirm/Cóisir/Cuireadh
Concert/Party/Invitation

Study the phrases below and compose short paragraphs on the topics in the heading above.

Le Foghlaim

Tús an scéil/Beginning of the story	
Bhí sceitimíní orm nuair a thug fear an phoist an cuireadh dom	*I was delighted when the postman gave me the invitation*
Bhí mé ag tnúth le cóisir Phádraig	*I was looking forward to Pádraig's party*
Bhí ionadh an domhain orm nuair a thug mo thuismitheoirí na ticéid dom	*I was amazed when my parents gave me the tickets*
D'alp mé siar mo bhricfeasta nuair a chonaic mé mo chairde ag an doras	*I gulped down my breakfast when I saw my friends at the door*
Léim mé san aer le háthas nuair a chonaic mé an cuireadh	*I jumped in the air with happiness when I saw the invitation*
Bhuail mé le mo chairde ar a leathuair tar éis a seacht	*I met my friends at half past seven*
D'fhan mé go foighneach le mo chairde taobh amuigh den chlub óige	*I waited patiently for my friends outside the youth club*
Oíche gheal i lár an fhómhair bhuail mé le Niamh taobh amuigh den phictiúrlann	*On a bright night in the middle of autumn I met Niamh outside the cinema*
Bhí sé fuar agus gaofar nuair a shroicheamar an amharclann	*It was cold and windy when we reached the theatre*
Bhí áthas an domhain orainn go léir nuair a tháinig an tUachtarán ar cuairt	*We were all delighted when the President came to visit*
D'ullmhaíomar na seomraí ranga agus ghlanamar clós na scoile	*We prepared the classrooms and we cleaned the schoolyard*

Le Foghlaim

Lár an scéil/Middle of the story	
Chonaiceamar scuaine mhór romhainn	*We saw a big queue in front of us*
Bhí an áit dubh le daoine	*The place was black with people*
Bhí ríméad orainn nuair a bhuaileamar le U2 ag deireadh na hoíche	*We were delighted when we met U2 at the end of the night*
Chualamar pléascadh ollmhór	*We heard a huge explosion*
Bhíomar ag damhsa agus ag pleidhcíocht ar feadh na hoíche	*We were dancing and messing for the night*
Nuair a d'fhéach mé ar an ardán chonaic mé soilse ildaite i ngach áit	*When I looked at the stage I saw multi-coloured lights everywhere*
Baineadh geit mhór asainn nuair a tháinig na comharsana isteach	*We got a terrible fright when the neighbours came in*

Lár an scéil/Middle of the story *(contd)*	
Rug mé barróg ar mo chairde nuair a chonaic mé na bronntanais a cheannaigh siad dom	*I hugged my friends when I saw the presents that they bought for me*
Chas mé timpeall ach ní raibh mo chairde le feiceáil	*I turned around but my friends were not to be seen*
Bhí mé i ndeireadh na feide	*I was at the end of my tether*
Dhruid mé i dtreo an dorais	*I moved in the direction of the door*
Bhraith mé an-neirbhíseach	*I felt very nervous*
Bheartaigh mé an teach a fhágáil nuair a chonaic mé gach duine ar meisce	*I decided to leave the house when I saw that everyone was drunk*
Leanamar ag damhsa go dtí gur chríochnaigh an ceol	*We continued dancing until the music stopped*
Bhrostaigh mé abhaile go tapa mar go raibh a fhios agam go mbeinn i dtrioblóid	*I hurried home because I knew that I would be in trouble*
Ní dhearna mé an dara smaoineamh	*I didn't think twice*
Nuair a shroich an tUachtarán an scoil sheinn ceolfhoireann na scoile Amhrán na bhFiann	*When the President reached the school, the school orchestra played Amhrán na bhFiann*
Labhair an príomhoide leis agus rinne siad turas timpeall na scoile	*The principal spoke to him and they made a trip around the school*

Deireadh an scéil/End of the story	
Go deo na ndeor ní dhéanfaidh mé dearmad ar an oíche sin	*I will never forget that night*
Nuair a d'fhill mé abhaile bhí tuirse an domhain orm	*When I returned home I was exhausted*
Thug mo Dhaid síob dúinn agus bhaineamar go léir taitneamh as an oíche	*My Dad gave us a lift and we all enjoyed the night*
Thart ar mheánoíche chan an grúpa an t-amhrán deireanach	*At midnight the band sang the last song*
Bhí sé ag stealladh báistí nuair a d'fhágamar an phictiúrlann	*It was lashing rain when we left the cinema*
Chríochnaigh an chóisir nuair a phléasc athair Liam isteach an doras	*The party finished when Liam's father burst in the door*
Bhí fearg an domhain air nuair a chonaic sé na cannaí stain agus na buidéil i ngach áit	*He was very angry when he saw the cans and bottles everywhere*
Bhailíomar go léir sa halla	*We all gathered in the assembly hall*
Labhair an tUachtarán linn	*The President spoke to us*

Scéal samplach 1/Sample story 1

Read the sample story below and make a note of the key phrases. Underline the verbs and try to write sentences using them.

'Bhí mé féin agus mo chara taobh amuigh den dioscó. Chuir sé (nó sí) bosca beag isteach i mo láimh. Ansin rith sé (nó sí). D'fhéach mé timpeall. Bhí Garda ag siúl i mo threo…'

Chonaic mé na Gardaí ag siúl i mo threo. Bhí eagla orm mar nach raibh a fhios agam cad a bhí sa bhosca. Leis sin chuala mé torann uafásach. Chuala mé tuairt mhór. Bhí timpiste ann. Rith mé agus na Gardaí ar nós na gaoithe i dtreo na timpiste. Cad a chonaic mé ach mo chara Tomás ina luí ar chúl a dhroma ar an talamh agus carr in aice leis.

Tháinig tiománaí an chairr amach agus chuir na Gardaí ceisteanna air faoinar tharla. Mhínigh sé an scéal dóibh. Bhí an tiománaí ag tiomáint go mall síos an bóthar. Stop sé ag na soilse tráchta a bhí dearg. Chonaic sé déagóir ag rith go tapa ar an gcosán. Nuair a d'éirigh na soilse glas chuaigh an carr ar aghaidh. An chéad rud eile ná rith an déagóir amach ar an mbóthar. Bhrúigh an tiománaí a chos ar an gcoscán ach bhí sé ródhéanach, bhuail sé mo chara Tomás.

Bhí an tiománaí ag crith agus bhí sé chomh bán le sneachta. Bhí Tomás bocht ina luí ar an talamh gan aithne gan urlabhra. Chuir na Gardaí fios ar an otharcharr agus tháinig siad gan mhoill. Bhí cos agus lámh briste aige ach dúirt na Gardaí go raibh an t-ádh leis nach raibh sé marbh. Nuair a chuaigh mé abhaile an oíche sin d'fhéach mé isteach sa bhosca bán. Cad a bhí ann ach milseáin! Níl a fhios agam beo cad a bhí ar siúl ag Tomás.

Foclóir ABC

Gluais	
I mo threo	*In my direction*
Torann uafásach	*A terrible noise*
Tuairt	*Crash*
Ar chúl a dhroma	*On the flat of his back*
Soilse tráchta	*Traffic lights*
Cosán	*Footpath*
Coscán	*Brake*
Ródhéanach	*Too late*
Ag crith	*Shaking*
Gan aithne gan urlabhra	*Unconscious*
Gan mhoill	*Without delay*

Scéal samplach 2/Sample story 2

Read the sample story below and make a note of the key phrases. Underline the verbs and try to write sentences using them.

'Bhí an chóisir faoi lánseol nuair a tháinig cuid de na buachaillí ón scoil eile isteach. Ní bhfuair siad cuireadh ná cead ach bhrúigh siad an doras isteach…'

Bhí siad ar meisce agus thosaigh siad ag damhsa agus ag léim timpeall.

Thit cúpla cailín ar an urlár nuair a bhí na buachaillí ag damhsa. Ansin thosaigh siad ag troid le buachaillí eile a bhí ann agus bhris siad cuid den troscán. Bhí cúrsaí ag dul as smacht agus bhí eagla ag teacht ar Chian. Bhí a fhios aige go mbeadh sé i dtrioblóid mhór lena thuismitheoirí nuair a thiocfaidís ar ais. Bhí an ceol ag dul in airde agus in airde agus chuaigh cuid acu amach sa ghairdín agus thosaigh troid ansin.

Tar éis cúpla nóiméad bhí na Gardaí ann. Chuir duine de na comharsana fios orthu. Thóg na Gardaí ainm gach duine a bhí sa teach. Thug siad na buachaillí a bhí ag cothú na trioblóide go dtí an stáisiún leo. Chuir siad fios ar thithe gach duine eile. Mise á rá leatsa, ní mó ná sásta a bhí mo thuismithoirí nuair a fuair siad glao ó na Gardaí fúm. Tháinig siad amach chun mé a bhailiú. Bhí fearg an domhain orthu liom. Ní raibh cead agam dul amach as an teach ar feadh míosa ina dhiaidh sin. D'fhoghlaim mé ceacht an oíche sin.

Gluais	
Faoi lánseol	*In full swing*
Bhrúigh siad	*They pushed*
Ar meisce	*Drunk*
Troscán	*Furniture*
As smacht	*Out of control*
Comharsana	*Neighbours*
Ag cothú na trioblóide	*Causing the trouble*

Ceacht

Bain triail anois as!/Have a go!

- Use the notes provided in this section to write short narratives on the topics below.
- Read the instructions on the first page of this section before you begin.
- Check that all verbs are written correctly in the past tense when you have finished.
- Ensure that you have described the setting, weather and the characters in the story.

1. *'Bhí mo chara, Niall, leis féin sa teach an oíche sin. Smaoiningh sé ar phlean…'*
2. *'Chuaigh mé go dtí an chóisir an oíche sin. Ní raibh cead agam ó mo thuismitheoirí dul ann. Ar a leathuair tar éis a haon déag chualamar cnag ar an doras…'*
3. *'D'éist mé go géar leis na huimhreacha. Nuair a chuala mé an uimhir dheireanach léim mé san aer le háthas…'*

Timpiste/Eachtra scéiniúil
An accident/A frightening event

Study the phrases below and compose short paragraphs on the topics in the heading above.

Le Foghlaim

Tús an scéil/Beginning of the story	
Ba léir go raibh an tiománaí ag dul róthapa	*It was clear that the driver was going too fast*
Bhí dhá thaobh an bhóthair aige	*He was driving all over the road*
Ansin chuala mé an phléasc	*Then I heard the explosion*
Chuala mé buachaill ag screadach in ard a chinn agus a ghutha	*I heard a boy screaming at the top of his voice*
Sciorr mé ar an oighear agus leag carr mé	*I skidded on the ice and a car knocked me down*
Chuir mé ina luí ar mo Dhaid go raibh mé ceart go leor	*I convinced my Dad that I was all right*
Bhí mo rothar ina smidiríní	*My bike was in pieces*
Bhí mo cheann ina roithleán	*My head was spinning*
Bhraitheamar neirbhíseach nuair a d'fhágamar solas an bhaile	*We felt nervous when we left the light of the town*
Ní raibh duine ná deoraí le feiceáil	*There wasn't a person to be seen*
Gan choinne, chonaiceamar carr ag stopadh in aice linn	*Unexpectedly, we saw a car stopping beside us*
Ritheamar i dtreo an bhaile ar nós na gaoithe	*We ran like the wind in the direction of home*

Le Foghlaim

Lár an scéil/Middle of the story	
Ar ámharaí an tsaoil bhí fón póca agam	*As luck would have it, I had a mobile phone*
Gan a thuilleadh moille chuir mé fios ar na seirbhísí tarrthála	*Without further delay I called the emergency services*
Tar éis cúpla nóiméad chualamar bonnán na nGardaí	*After a few minutes we heard the siren of the Gardaí*
Bhí orm smaoineamh ar phlean go sciobtha	*I had to think of a plan quickly*
D'fhéach mé taobh thiar díom agus chonaic mé scáil mhór dhorcha	*I looked behind me and I saw a big black shadow*
Ghlaoigh mé i nglór fann ar mo chara	*I called my friend in a weak voice*
Ba bheag nár thit mé i laige nuair a chonaic mé aghaidh an fhir ag stánadh orm	*I nearly collapsed when I saw the face of the man staring at me*
Chas mé timpeall agus rith mé ar luas lasrach i dtreo na scoile	*I turned around and ran at the speed of light in the direction of the school*

Le Foghlaim

Deireadh an scéil/End of the story	
Thosaigh na Gardaí ag fiosrú an scéil	*The Gardaí started investigating the matter*
Cheistigh siad gach finné	*They questioned every witness*
Bhí orm dul chuig stáisiún na nGardaí chun tuilleadh ceisteanna a fhreagairt	*I had to go to the Garda Station to answer further questions*
Bhí mé ar crith de bharr na heachtra	*I was shaking as a result of the event*
Bhíomar sceimhlithe inár mbeatha an oíche dhorcha sin	*We were terrified that dark night*
Shroicheamar teach mo charad thart ar mheánoíche	*We reached my friend's house around midnight*
Bhí an t-ádh dearg linn an oíche sin	*We were really lucky that night*
Ní mó ná sásta a bhí mo thuismitheoirí nuair a chuala siad an scéal	*My parents were not very happy when they heard the story*
Ní dhéanfaidh mé dearmad go deo ar an oíche sin	*I will never forget that night*
Nuair a shroich mé an baile ghlaoigh mé ar mo thuismitheoirí	*When I reached home I called my parents*
Bhí mé i gcruachás ceart	*I was in a right dilemma*

Scéal samplach 3/Sample story 3

Read the sample story below and make a note of the key phrases. Underline the verbs and try to write sentences using them.

'Bhí na tuismitheoirí imithe don oíche. Bhí orm aire a thabhairt do bheirt pháistí agus an peata madra a bhí acu. Thuig mé láithreach go mbeadh trioblóid (fadhb) agam leo agus bhí…'

Bhí an cailín Aoife sé bliana d'aois agus bhí a dearthár Eoin ceithre bliana d'aois. Ceapaim go raibh an madra bliain d'aois. Léigh mé scéalta do na páistí ar dtús agus ansin chuir mé a chodladh iad. Shuigh mé síos chun féachaint ar an teilifís. Bhí gloine Coke agam agus paicéad brioscaí.

Bhí mé ar mo sháimhín só ansin, gan cíos, cás ná cathú orm. Go tobann stop an teilifís ag obair agus d'éirigh an seomra dorcha. Ansin chuala mé an ghaoth ag séideadh go láidir, an toirneach agus an tintreach. Bhí mé sceimhlithe i mo bheatha. Chuaigh mé amach go dtí an halla ach gíog ná míog níor chuala mé ó na páistí, buíochas le Dia. Bhí mé ag dul isteach go dtí an chistin ansin ach rinne mé dearmad ar an madra.

Ní fhaca mé é agus bhain sé tuisle asam agus thit mé ar chúl mo chinn. Leis an torann sin dhúisigh na páistí agus thosaigh siad ag screadaíl. Bhí mé ag dul suas an staighre chucu nuair a fuair mé boladh ait, boladh deataigh! →

Bhí mo chroí i mo bhéal. Rith mé ar nós na gaoithe suas chucu. Chonaic mé lasracha ag teacht amach as seomra a dtuismitheoirí. Rug mé greim an duine bháite ar na páistí, anuas an staighre linn agus amach an doras. Bhíomar slán sábháilte buíochas le Dia. Ní dhéanfaidh mé dearmad ar an oíche sin go deo.

Foclóir ABC

Gluais	
Sáimhín só	*Relaxed*
Gan cíos, cás na cathú	*Not a care in the world*
Sceimhlithe i mo bheatha	*Scared to death*
Gíog ná míog	*Not a sound*
Bhain sé tuisle asam	*He tripped me up*
Boladh deataigh	*Smell of smoke*
Greim an duine bháite	*Strong grip*

Scéal samplach 4/Sample story 4

Read the sample story below and make a note of the key phrases. Underline the verbs and try to write sentences using them.

'Bhí sé déanach san oíche. Bhíomar amuigh faoin tuath. Stop an carr. Theip ar an inneall. Bhíomar i bponc (i dtrioblóid)...'

Oíche dhubh dhorcha a bhí ann agus bhí sé ag stealladh báistí. Bhí an chlann ag filleadh abhaile ó chóisir mo sheanmháthar. Bhí sí ochtó bliain d'aois agus bhí cóisir in óstán di. D'fhágamar sa bhaile í agus ansin thosaigh mo Dhaid ag tiomáint abhaile.

Bhíomar beagnach sa bhaile nuair a chuala mé an torann ar dtús agus ansin fuair mé boladh ait. Bhí deatach ag teacht isteach sa charr. Bhí an t-inneall trí thine. Le luas lasrach, léim an chlann ar fad (mise, mo dheirfiúr Áine agus mo thuismitheoirí) as an gcarr agus chuir mo Dhaid fios ar an mbriogáid dóiteáin ar a fhón póca.

Faoin am seo bhíomar fliuch báite. Tar éis fiche nóimeád tháinig an bhriogáid dóiteáin. Chaith na fir uisce ar an tine ach bhí sé fánach acu – faoin am seo bhí an carr dóite go talamh. Bhí mo Dhaid beagnach ag caoineadh mar gur charr nua a bhí ann, fuair sé é seachtain roimhe sin. Ach ní raibh éinne sa chlann gortaithe, buíochas le Dia. Chuir mo Dhaid fios ar a chara agus thug sé síob abhaile dúinn. Bhíomar fliuch go craiceann agus préachta leis an bhfuacht. Níor chodail éinne go maith an oíche sin.

Gluais

Gluais	
Ag stealladh báistí	*Lashing rain*
Le luas lasrach	*Really fast*
Fliuch báite	*Soaking wet*
Bhí sé fánach	*It was useless*
Dóite go talamh	*Burned to the ground*
Síob	*Lift*
Préachta leis an bhfuacht	*Frozen with the cold*

Ceacht

Bain triail anois as!/Have a go!

- Use the notes provided in this section to write short narratives on the topics below.
- Read the instructions on the first page of this section before you begin.
- Check that all verbs are written correctly in the past tense when you have finished.
- Ensure that you have described the setting, weather and the characters in the story.

1. *'Bhí mé féin agus mo chairde taobh amuigh den phictiúrlann. Chaith duine éigin cloch i dtreo na fuinneoige agus briseadh í. D'fhéach mé timpeall. Bhí Garda ag siúl i mo threo...'*
2. *'Bhí mé i mo chodladh i lár na hoíche. Chuala mé doras an tseomra ag díoscadh. D'fhéach mé i dtreo an dorais agus chonaic mé aghaidh mhór ghránna ag stánadh orm...'*
3. *'Oíche dhubh dhorcha a bhí ann. D'fhágamar an club óige ar a haon déag agus shiúlamar i dtreo stad an bhus. Go tobann chualamar coiscéimeanna taobh thiar dínn...'*

Robáil/Dóiteán
Robbery/Fire

Study the phrases below and compose short paragraphs on the topics in the heading above.

Le Foghlaim

Tús an scéil/Beginning of the story	
Bhí mé te teolaí i mo leaba	*I was warm and comfortable in my bed*
Chuala mé an ghaoth ag séideadh agus an bháisteach ag titim	*I heard the wind blowing and the rain falling*
Léim mé as an leaba agus rith mé amach ar léibheann an staighre	*I jumped out of bed and I ran out onto the landing*
Is ansin a fuair mé an boladh ait	*It was then that I got a strange smell*
Chonaic mé deatach tiubh i ngach áit	*I saw thick smoke everywhere*
Chuir mé glao ar na seirbhísí éigeandála	*I called the emergency services*
Chuala mé guthanna thíos staighre	*I heard voices downstairs*
Ní raibh gíog ná míog asam	*There wasn't a sound out of me*
Go tobann chuala mé fuinneag na cistine ag briseadh	*Suddenly I heard the kitchen window breaking*

Le Foghlaim

Lár an scéil/Middle of the story	
Ghlaoigh mé ar mo dheirfiúr	*I called my sister*
D'éalaíomar ón teach trí fhuinneog sa seomra folctha	*We escaped from the house through a bathroom window*
Bhí mo dheartháir gan aithne gan urlabhra	*My brother was unconscious*
Baineadh geit uafásach asam nuair a chonaic mé beirt fhear ina sheasamh os mo chomhair amach	*I got a terrible fright when I saw two men standing in front of me*
Thosaigh mé ag cur allais go tiubh	*I started sweating profusely*
Tar éis tamaill bhig tháinig an bhriogáid dóiteáin	*After a short while the fire brigade arrived*
Lig mé béic asam	*I screamed*
Chuala mé an doras ag díoscadh	*I heard the door creaking*
I bpreabadh na súl múchadh na soilse	*In the blink of an eye the lights went out*
Léim mé amach tríd an bhfuinneog ar luas lasrach	*I jumped out the window at the speed of light*

Deireadh an scéil/End of the story	
Ní raibh tásc ná tuairisc ar mo thuismitheoirí	*There wasn't a trace of my parents*
Níorbh fhada go raibh na lasracha múchta	*It wasn't long before the flames were extinguished*
Thug an t-otharcharr mo dheirfiúr chuig an ospidéal	*The ambulance took my sister to the hospital*
Bhí an teach dóite go talamh	*The house was burnt to the ground*
Chuir na comharsana fios ar na Gardaí	*The neighbours called the Gardaí*
Phléasc na Gardaí isteach tríd an doras	*The Gardaí burst in the door*
I bhfaiteach na súl d'ionsaigh mo Dhaid an gadaí	*In the blink of an eye my dad attacked the thief*
Fanfaidh an lá sin i mo chuimhne go deo	*That day will stay in my memory forever*
Bhí mé tuirseach traochta an oíche sin	*I was exhausted that night*

Scéal samplach 5/Sample story 5

Read the sample story below and make a note of the key phrases. Underline the verbs and try to write sentences using them.

'Bhí an oíche dorcha. Bhí sé leathuair tar éis a dó dhéag. Ní raibh Úna tagtha abhaile fós...'

D'fhan mé ag féachaint ar an teilifís ar feadh tamaill ach baineadh geit asam nuair a chuala mé fuinneog na cistine ag briseadh. Rith mé i dtreo na cistine go tapa agus d'fhan mé ag an doras ag éisteacht. Chuala mé beirt fhear sa chistin. Bhí siad ag déanamh a lán torainn. Ba léir gur cheap siad go raibh an teach folamh.

Bhí eagla an domhain orm agus bheartaigh mé an teach a fhágáil. Nuair a rith mé i dtreo an dorais chuala na fir mo choiscéimeanna agus d'oscail siad an doras go tobann. Bhí eagla an domhain orm agus lig mé béic asam. Bhí fón póca i mo lámh agam agus cheap na fir go raibh mé chun glao a chur ar na Gardaí.

Bhí mála mór ag an mbeirt acu a bhí lán le rudaí luachmhara ón teach ach nuair a chonaic siad an fón póca i mo lámh chaith siad na málaí i leataobh agus léim siad amach an fhuinneog. Fágadh mé sa halla i m'aonar agus ní raibh a fhios agam céard ba cheart dom a dhéanamh.

Bhí mé díreach chun glao a chur ar na Gardaí nuair a chonaic mé mo dheirfiúr Úna ag teacht isteach an doras. Bhí áthas an domhain orm í a fheiceáil an oíche sin.

Ceacht

Bain triail anois as!/Have a go!

- Use the notes provided in this section to write short narratives on the topics below.
- Read the instructions on the first page of this section before you begin.
- Check that all verbs are written correctly in the past tense when you have finished.
- Ensure that you have described the setting, weather and the characters in the story.

1 *Chuaigh mé isteach sa bhanc chun airgead a chur isteach i mo chuntas bainc. Nuair a chas mé timpeall chonaic mé beirt fhear le gunnaí ina lámha acu...'*

2 *'Dhúisigh mé go tobann nuair a chuala mé mo thuismitheoirí ag screadadh. Ansin chonaic mé an deatach thíos staighre...'*

3 *Chríochnaigh na ranganna go luath an lá sin. Nuair a d'oscail mé doras an tí chonaic mé lasracha móra sa chistin...'*

Eachtra a tharla ar scoil nó taobh amuigh den scoil/ An event that happened at school or outside school

Study the phrases below and compose short paragraphs on the topic in the heading above.

Le Foghlaim

Tús an scéil/Beginning of the story	
Bhíomar ag cleasaíocht le chéile sular tháinig an múinteoir isteach	*We were messing before the teacher walked in*
Lig mé orm go raibh mé ag múineadh an ranga	*I pretended that I was teaching the class*
Cheap an rang go raibh mé an-ghreannmhar	*The class thought that I was very funny*
Chuir mé ceisteanna ar na daltaí agus phléasc an rang amach ag gáire	*I asked the students questions and they burst out laughing*
Nuair a chonaic mé an príomhoide chrom mé taobh thiar den bhord	*When I saw the principal I hid behind the table*
Lig sé béic as	*He roared*
Nuair a chonaic mé an príomhoide phreab mé i mo sheasamh	*When I saw the principal I jumped up*
D'fhan mé i mo staic ar bharr an tseomra	*I was rooted to the spot at the top of the room*

Le Foghlaim

Lár an scéil/Middle of the story	
Gan choinne tháinig an príomhoide isteach an doras	*Unexpectedly, the principal walked in the door*
Baineadh geit uafásach asainn go léir	*We all got a terrible fright*
Ní raibh gíog ná míog asainn	*There wasn't a sound out of us*
Bhí an seomra ranga trí chéile ó bhun go barr	*The classroom was in a terrible mess*
Fágadh mé i mo sheasamh ar bharr an tseomra	*I was left standing at the top of the room*
Bhí fearg an domhain ar an bpríomhoide	*The principal was very angry*
Labhair sí linn go borb	*She spoke to us abruptly*

Deireadh an scéil/End of the story	
Cuireadh litir abhaile chuig ár dtuismitheoirí	*A letter was sent home to our parents*
Bhí orainn fanacht siar tar éis scoile chun an seomra ranga a ghlanadh	*We had to stay back after school to clean up the classroom*
Tháinig misneach orainn de réir a chéile	*We gradually plucked up courage*
Bhí gach rud mar ba ghnách an lá ina dhiaidh sin	*Everything was as usual the following day*
Idir an dá linn tháinig mo thuismitheoirí chuig an scoil	*In the meantime my parents came to the school*
Bhí an-bhrón orm gur bhris mé na rialacha	*I was very sorry that I had broken the rules*
Ní raibh cead agam dul amach ar feadh míosa	*I wasn't allowed out for a month*

Scéal samplach 6/Sample story 6

Read the sample story below and make a note of the key phrases. Underline the verbs and try to write sentences using them.

'Is cuimhin liom an lá go maith. Bhí Charlie Bird agus fear ceamara as RTÉ ag fanacht linn taobh amuigh den scoil…'

Bhí a fhios agam go maith cén fáth a raibh Charlie ann. Chuala sé gur bhuaigh mo mháthair Crannchur na hEorpa. Is maith is cuimhin liom an lá. Bhí mo mháthair ag siopadóireacht sa bhaile mór agus chonaic sí fógra faoin gCrannchur. Bhí duais deich milliún ann an oíche sin.

Cheannaigh sí ticéid – chaith sí deich euro ar na ticéid. Chuaigh sí abhaile agus an oíche sin nuair a bhí an chlann ag féachaint ar an nuacht chualamar Brian Dobson ag rá gur bhuaigh duine éigin i bPort Láirge Crannchur na hEorpa. Sheiceáil mo mháthair a ticéid agus ba bheag nár thit sí i laige nuair a chonaic sí a huimhreacha. Bhí sí ina milliúnaí! Bhíomar saibhir. Rinneamar rún gan focal a rá le héinne faoin airgead.

Chuamar ar laethanta saoire go dtí Meiriceá ar feadh míosa. Cheannaigh m'athair agus mo mháthair dhá charr BMW. Chuir cúpla duine ceist orainn ach ní dúramar tada. Ansin bhí Charlie ag an scoil. Conas a fuair sé amach? Bhí mé i bponc ceart. Chas mé ar mo shála agus rith mé amach geata na scoile chomh tapa agus ab fhéidir liom. Ní raibh mé chun mo rún a sceitheadh le héinne, fiú le Charlie Bird!

Foclóir ABC

Gluais	
Crannchur na hEorpa	*European lottery*
Fógra	*Sign, advert*
Ba bheag nár thit sí i laige	*She almost fainted*
Milliúnaí	*Millionaire*
Rún	*Secret*
Tada	*Anything*
I bponc	*In a fix*
Chas mé ar mo shála	*I turned on my heels*
Sceitheadh	*Tell*

Scéal samplach 7/Sample story 7

Read the sample story below and make a note of the key phrases. Underline the verbs and try to write sentences using them.

'Is cuimhin liom go maith an lá sin. Bhí Gráinne Seoige agus Dáithí Ó Sé as an All Ireland Talent Show *ina suí ar m'aghaidh amach. Bhí mé chun amhrán a rá...'*

Níor chreid mé é, go raibh mé chun amhrán a chanadh os comhair na ndaoine sin. Thosaigh an turas fada seo bliain ó shin. Is maith is cuimhin liom an oíche nuair a bhí mé féin agus mo mháthair ag féachaint ar an *All Ireland Talent Show*! Bhí cuid de na daoine go hainnis. Dúirt mo mháthair go raibh glór álainn agam, níos áille ná na daoine ar an teilifís. Cúpla mí ina dhiaidh sin fuair mé litir ón *All Ireland Talent Show*!

Bhí mo mháthair tar éis m'ainm a chur isteach. Bhí orm dul le haghaidh trialach! Bhí mé ar buile ar dtús le mo mháthair ach ansin bhí áthas orm, ach bhí mé an-neirbhíseach ag an am céanna. Bhí mé ag cleachtadh agus ag cleachtadh ar feadh cúpla mí agus ar deireadh tháinig an lá. Chan mé an t-amhrán agus moladh go hard mé. Dúirt Dáithí Ó Sé go raibh mé ar fheabhas!

Chuaigh mé ar aghaidh agus bhuaigh mé an *All Ireland Talent Show*. Fuair mé conradh ó Sony agus anois táim i mo chónaí i Londain. Tá teach mór agam ansin agus teach in Éirinn freisin. Tá saol iontach agam, a bhuí le mo mháthair agus le Dáithí Ó Sé!

Ceacht

Bain triail anois as!/Have a go!

- Use the notes provided in this section to write short narratives on the topics below.
- Read the instructions on the first page of this section before you begin.
- Check that all verbs are written correctly in the past tense when you have finished.
- Ensure that you have described the setting, weather and the characters in the story.

1. *'Is cuimhin liom an lá go maith. Bhí Iníon Nic Craith déanach. Thosaíomar ag cleasaíocht…'*
2. *'Bhí scrúdú an tsamhraidh beagnach thart. Chualamar cnag ar an doras. An príomhoide a bhí ann…'*
3. *'Bhíomar róthuirseach chun aon obair a dhéanamh. Thosaíomar ag caitheamh nótaí timpeall an ranga. Gan choinne shiúil an príomhoide isteach…'*

Top Tip!

Keep a vocabulary notebook. Write down any new phrases you learn and use this vocabulary for writing paragraphs and stories.

4 Ceapadóireacht C – Litir/Ríomhphost

Learning objectives

In this chapter you will learn about:

1. Useful phrases and vocabulary that relate specifically to the letter/e-mail
2. Exam tips on how to approach the letter/e-mail
3. How to structure and write a simple letter/e-mail

Option C – Litir/Ríomhphost/Letter/E-mail

Exam guidelines

- The litir/ríomhphost forms option C of the *Ceapadóireacht* section on Paper 1 of the exam.
- Students are required to write on **two** of the following options: *giota leanúnach/blag*, *scéal*, *litir/ríomhphost* or *comhrá*.
- The *litir/ríomhphost* requires you to write a personal or formal letter/e-mail.
- The body of the *litir/ríomhphost* should be 10–15 lines long.
- One formal and one personal letter/e-mail is set on the exam paper every year. Students have an option to choose one of these.
- Fifty (50) marks are allocated to the letter/e-mail.
- Long-term preparation is essential, as much of the basic vocabulary used in the *litir/ríomhphost* can be prepared in advance and used in the *giota leanúnach/blag*, *comhrá* or *scéal*.
- Choose carefully the topics that you prepare.
- It is very important to write a date, greeting and conclusion in Irish. These should be prepared in advance.
- Study the verbs in the *Aimsir Láithreach* (present tense) and the *Aimsir Chaite* (past tense), as the *litir/ríomhphost* is generally written in the present tense or past tense.
- You may need to use the future tense or *Aimsir Fháistineach* at the end of the *litir/ríomhphost* to say that you **will** see your friend soon.

Exam techniques

- Spend five minutes studying your options before making a final choice.
- Underline the key words in the *litir/ríomhphost* as you read it.
- Try to piece together the words to work out the type of *litir/ríomhphost* required.
- If you really do not understand it, move to the next option and work through it slowly.
- Revise the vocabulary contained in the *giota leanúnach/blag*, *scéal* and *comhrá* sections of this book.
- Sketch out some ideas on the back of your exam answer book.
- When you have completed your *litir/ríomhphost*, re-read it carefully to ensure that you have corrected any mistakes.

Past exam questions

2014

Bhí tú ar fhoireann na scoile a bhuaigh cluiche mór le déanaí. Scríobh *an litir/an ríomhphost* (leathleathanach nó mar sin) a chuirfeá chuig cara leat ag insint dó/di faoin gcluiche agus faoin gcóisir (faoin bhféasta) a bhí agaibh i ndiaidh an chluiche.

You were on the school team that won a big match recently. Write the letter/e-mail that you would send to a friend telling him/her about the match and the party that you had after the match.

Nó

Tá an Ardteistiméireacht críochnaithe agat agus tá tú ag fágáil na scoile. Scríobh *an litir/an ríomhphost* (leathleathanach nó mar sin) a chuirfeá chuig an bpríomhoide ag gabháil buíochais leis / léi agus ag déanamh cur síos ar an am a chaith tú sa scoil.

You have finished the Leaving Certificate and you are leaving school. Write the letter/e-mail that you would send to the principal thanking him/her and describing the time that you spent in school.

2013

Ghlac tú páirt i dtrialacha don seó nua tallainne ar RTÉ. Scríobh an *litir/an ríomhphost* (leathleathanach nó mar sin) a chuirfeá chuig cara leat ag insint dó/di faoi na trialacha agus faoi conas a d'éirigh leat iontu.	*You took part in trials for the new talent show on RTÉ. Write the letter/e-mail (about half a page) you would send to your friend telling him/her about the trials and about how you got on.*

Nó

Fuair tú ceachtanna tiomána mar bhronntanas ó d'uncail/ó d'aintín. Scríobh *an litir/an ríomhphost* (leathleathanach nó mar sin) a chuirfeá chuige/chuici ag gabháil buíochais leis/léi agus ag insint dó/di conas a d'éirigh leat sa chéad cheacht.	*You got driving lessons as a present from your uncle/aunt. Write the letter/e-mail (about half a page) you would send to him/her thanking him/her and telling him/her how you got on in your first lesson.*

2012

Tá tú ag caitheamh dhá mhí saoire ag taisteal le do chlann san Astráil. Scríobh *an litir/an ríomhphost* a chuirfeá chuig cara leat ag insint dó/di faoi na rudaí éagsúla a tharla agus tú san Astráil.	*You are spending two months on holiday travelling with your family in Australia. Write the letter/e-mail (about half a page) you would send to your friend telling him/her about the different things that happened while you were in Australia.*

Nó

Chuala tú polaiteoir ar an teilifís agus é ag gearán/ag tabhairt amach faoi dhaoine óga. Scríobh *an litir/an ríomhphost* a chuirfeá chuige faoi na rudaí a dúirt sé.	*You heard a politician on the television complaining/giving out about young people. Write the letter/e-mail (about half a page) you would send to him about the things he said.*

2011

Fuair tú bronntanas álainn ó chara leat ar do bhreithlá nuair a bhí tú 18 mbliana. Scríobh *an ríomhphost* (leathleathanach nó mar sin) a chuirfeá chuig an gcara sin ag gabháil buíochais leis/léi agus ag insint dó/di faoin úsáid a bhaineann tú as an mbronntanas.

You received a lovely present from a friend for your 18th birthday. Write the e-mail (about half a page) you would send to your friend thanking him/her and telling him/her how you use the present.

Nó

D'eagraigh tú féin agus do chairde sa séú bliain cóisir ag deireadh na bliana (Debs). Bhí gach rud go breá ach amháin an bia san óstán. Scríobh *an ríomhphost* (leathleathanach nó mar sin) a chuirfeá chuig bainisteoir an óstáin, ag gearán agus ag lorg cuid den airgead ar ais.

You and your friends in sixth year organised the Debs. Everything was fine except for the food in the hotel. Write the e-mail (about half a page) you would send to the manager of the hotel complaining and looking for some of the money back.

2010

Tá teach ósta nua oscailte ag do thuismitheoirí agus tá post samhraidh ar fáil sa chistin ann. Scríobh *an litir* (leathleathanach nó mar sin) a chuirfeá chuig cara leat ag insint dó/di faoin bpost agus ag moladh dó/di iarratas a chur isteach ar an bpost sin.

Your parents have opened a new hotel and there is a summer job available in the kitchen. Write the letter (about half a page) you would send to your friend about the job, advising him/her to apply for the job.

Nó

Tá tú féin agus do chara ag iarraidh airgead a bhailiú chun seandaoine a thabhairt ar saoire. Scríobh *an litir* (leathleathanach nó mar sin) a chuirfeá chuig iarscoláire saibhir ó do scoil ag lorg airgid air/uirthi.

You and your friend are trying to collect money to bring elderly people on holiday. Write the letter (about half a page) you would send to a wealthy past pupil asking him/her for money.

Note: The informal and formal letter/e-mail will be dealt with separately in this chapter.

Part A: Litir phearsanta/Ríomhphost pearsanta
Personal letter/E-mail

Top Tip!

The personal letter/e-mail requires you to write a letter or e-mail to a friend or family member.

Learn a range of phrases off by heart that may be suitable for introductions or conclusions.

If you forget the months in Irish, copy down the date from the front of the exam paper. It's written in Irish!

Remember

Learn the sample addresses, dates, etc. below.

Le Foghlaim

1 Seoladh/Address

Make sure your address is in Irish, as you will get no marks for an address in English.

1 Sráid Uí Chonaill Luimneach Co. Luimnigh	24 Bóthar na Coille Dún Dealgan Co. Lú

Le Foghlaim

2 An Dáta/Date

1ú/2ú/3ú/4ú…	*1st/2nd/3rd/4th…*
Eanáir/Feabhra/Márta/Aibreán/Bealtaine/ Meitheamh/Iúil/Lúnasa/Meán Fómhair/ Deireadh Fómhair/Samhain/Nollaig	*January/February/March/April/May/ June/July/August/September/October/ November/December*

Le Foghlaim

3 An beannú/Greeting

A Shíle, a chara	*Dear Síle*
A Mham agus a Dhaid dhil	*Dear Mum and Dad*
A Phádraig dhil	*Dear Pádraig*

4 Tús na litreach/an ríomhphoist/Beginning

Le Foghlaim

Tá súil agam go bhfuil tú i mbarr na sláinte; tá brón orm nár scríobh mé níos luaithe	*I hope you're well; I'm sorry I haven't written sooner*
Beatha agus sláinte ó…	*Greetings from…*
Táim fíorbhuíoch as ucht do litreach/ríomhphoist	*Thank you so much for your letter/e-mail*
Conas atá tú ó chonaic mé thú ag…?	*How are you since I saw you at…?*
Conas atá cúrsaí sa bhaile?	*How are things at home?*
Cén chaoi a bhfuil sibh go léir?	*How are you all?*
Chonaic mé i do litir go raibh…	*I saw in your letter that…*
Fan go gcloise tú an scéal!	*Wait till you hear the news!*

5 Críoch na litreach/an ríomhphoist/Ending

Le Foghlaim

Feicfidh mé thú i gceann míosa	*I'll see you in a month*
Cuirfidh mé glaoch ort an tseachtain seo chugainn	*I'll call you next week*
Abair le do dheirfiúr go raibh mé ag cur a tuairsice	*Tell your sister that I was asking for her*
Abair le do dheartháir go raibh mé ag cur a thuairisce	*Tell your brother that I was asking for him*
Caithfidh mé slán a fhágáil leat anois; tá obair le déanamh agam.	*I have to say goodbye now; I have work to do.*
Caithfidh mé imeacht anois. Scríobh ar ais chugam go luath.	*I have to go now. Write back soon.*

6 Slán/Signing off

Le Foghlaim

Slán le grá, Áine	*Love from Áine*
Slán go fóill, Sorcha	*Bye for now, Sorcha*
Do chara buan, Dónall	*Your good friend, Dónall*
Do mhac dílis, Diarmuid	*Your loving son, Diarmuid*

Litir shamplach/Ríomhphost samplach 1
Sample letter/E-mail 1

D'fhág an cara is fearr a bhí agat an scoil nó an tír an bhliain seo caite agus tá sé (nó sí) agus a chlann (nó a clann) ina gcónaí sa Fhrainc (nó i dtír éigin eile) anois. Scríobh an litir/ríomhphost (leathleathanach nó mar sin) a chuirfeá chuig an gcara sin tar éis na hArdteistiméireachta.

125 Sráid na Siopaí
Cill Chainnigh

3 Lúnasa

A Nuala, a chara,

Beannachtaí ó Chill Chainnigh! Tá súil agam go bhfuil tú i mbarr na sláinte. Táim díreach tar éis scrúdú na hArdteiste a chríochnú agus tá tuirse an domhain orm. Tá mé chun sos a ghlacadh ar feadh cúpla seachtain agus ansin tá mé chun post a fháil san ollmhargadh áitiúil. Tá Seán agus Niall ag obair ann ó thús an tsamhraidh. Deir siad go mbíonn an-chraic acu agus nach bhfuil an obair ródheacair.

Míle buíochas as an gcuireadh a thug tú dom cuairt a thabhairt ort sa Fhrainc an samhradh seo. Ba bhreá liom dul agus deir mo thuismitheoirí go gceannóidh siad an ticéad dom má fhaighim torthaí maithe san Ardteist.

An deireadh seachtaine seo chugainn tá mé ag dul chuig cóisir i dteach Liam. Beidh sé ocht mbliana déag d'aois agus beidh gach duine ón rang ag freastal ar an gcóisir.

Caithfidh mé imeacht anois. Tá mé ag dul chuig an bpictiúrlann le Daire agus Dónall.

Do chara buan,

Antaine

Foclóir ABC

Gluais	
Beannachtaí ó Chill Chainnigh	*Greetings from Kilkenny*
Tá tuirse an domhain orm	*I'm exhausted*
Ollmhargadh áitiúil	*Local supermarket*
Míle buíochas as an gcuireadh	*Sincere thanks for the invitation*
Ag freastal ar an gcóisir	*Attending the party*
Do chara buan	*Your good friend*

Ceacht

Bain triail anois as!/Have a go!

Bhog do theaghlach ón gcathair go dtí an tuath cúpla mí ó shin. Scríobh litir/ríomhphost chuig cara leat i do sheanscoil./*Your family moved from the city to the country a few months ago. Write a letter/an e-mail to a friend in your old school.*

The vocabulary below will help you to write a letter/an e-mail on the topic above.

Foclóir ABC

Cabhair	
Is aoibhinn liom saol na tuaithe	*I love life in the country*
Táim i mo chónaí i mbungaló in aice locha	*I'm living in a bungalow beside a lake*
Tá cairde nua agam sa phobalscoil	*I've new friends in the community school*
Táim ar fhoireann cispheile na scoile	*I'm on the school basketball team*
Ar mhaith leat cuairt a thabhairt orm an samhradh seo chugainn?	*Would you like to visit me next summer?*
Tá baile deas in aice linn	*There's a lovely town beside us*
Tá pictiúrlann agus club óige sa bhaile	*There's a cinema and a youth club in the town*
Abair le gach duine i gColáiste Eoin go raibh mé ag cur a dtuairisce	*Tell everyone in Coláiste Eoin that I was asking for them*

Remember

The key to getting a good mark in the letter/e-mail is to focus on the exam question. If you are asked to write about a part-time job, you must focus on it in your answer. One line is sufficient as an introduction and a conclusion.

Litir shamplach/Ríomhphost samplach 2
Sample letter/E-mail 2

Bhí tú ag imirt ar fhoireann le déanaí. Scríobh an litir/ríomhphost (leath-leathanach nó mar sin) a chuirfeá chuig cara leat faoi sin.
You were playing on a team recently. Write the letter/e-mail (half a page or so) that you would send to your friend about it.

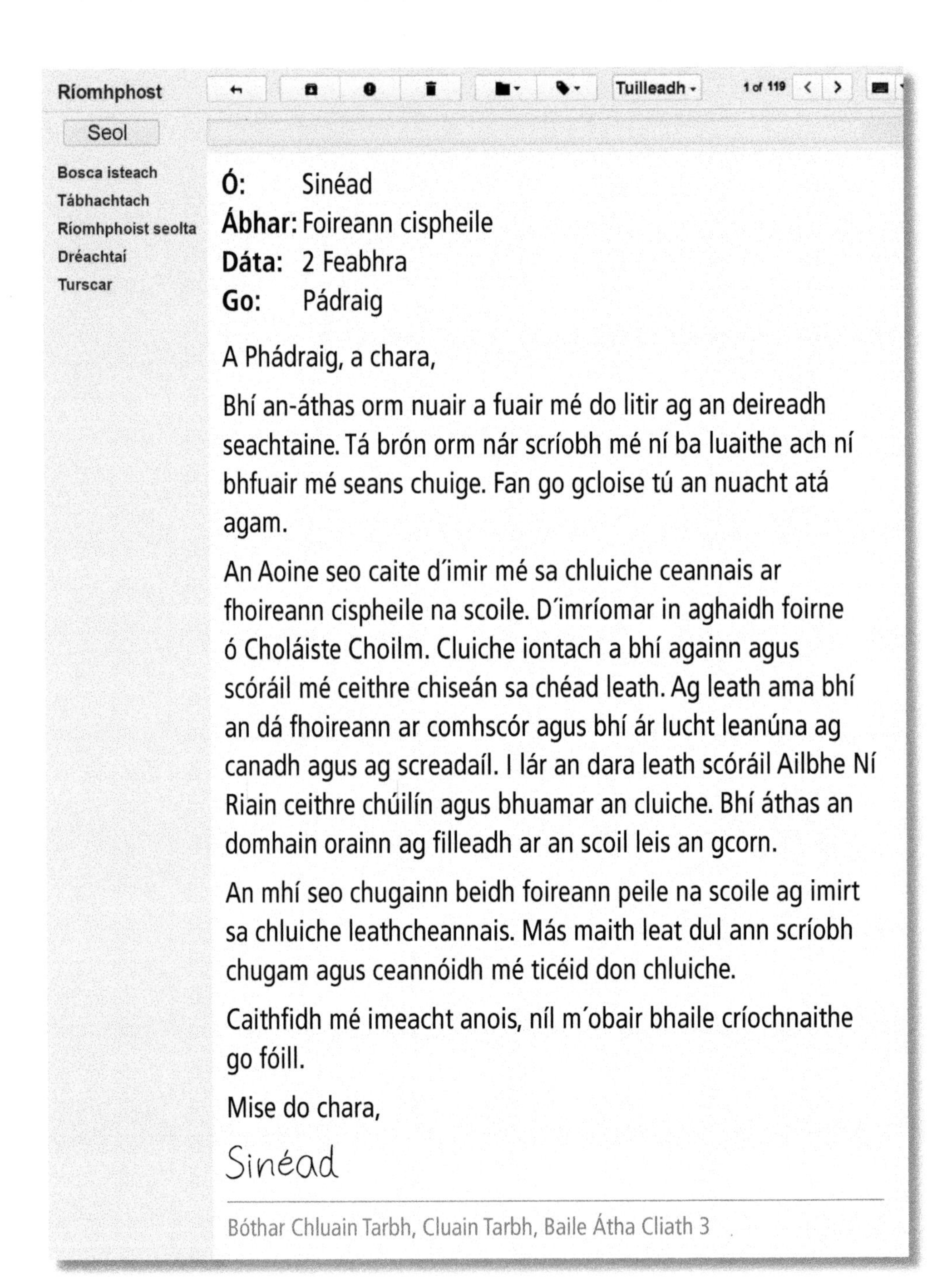

Ó: Sinéad
Ábhar: Foireann cispheile
Dáta: 2 Feabhra
Go: Pádraig

A Phádraig, a chara,

Bhí an-áthas orm nuair a fuair mé do litir ag an deireadh seachtaine. Tá brón orm nár scríobh mé ní ba luaithe ach ní bhfuair mé seans chuige. Fan go gcloise tú an nuacht atá agam.

An Aoine seo caite d'imir mé sa chluiche ceannais ar fhoireann cispheile na scoile. D'imríomar in aghaidh foirne ó Choláiste Choilm. Cluiche iontach a bhí againn agus scóráil mé ceithre chiseán sa chéad leath. Ag leath ama bhí an dá fhoireann ar comhscór agus bhí ár lucht leanúna ag canadh agus ag screadaíl. I lár an dara leath scóráil Ailbhe Ní Riain ceithre chúilín agus bhuamar an cluiche. Bhí áthas an domhain orainn ag filleadh ar an scoil leis an gcorn.

An mhí seo chugainn beidh foireann peile na scoile ag imirt sa chluiche leathcheannais. Más maith leat dul ann scríobh chugam agus ceannóidh mé ticéid don chluiche.

Caithfidh mé imeacht anois, níl m'obair bhaile críochnaithe go fóill.

Mise do chara,

Sinéad

Bóthar Chluain Tarbh, Cluain Tarbh, Baile Átha Cliath 3

Gluais	
Tá brón orm nár scríobh mé ní ba luaithe	*I'm sorry that I didn't write sooner*
Ní bhfuair mé seans chuige	*I didn't get a chance*
Sa chluiche ceannais	*In the final*
Scóráil mé ceithre chiseán	*I scored four baskets*
I lár an dara leath	*In the middle of the second half*
Más maith leat dul ann	*If you want to go there*

Ceacht

Bain triail anois as!/Have a go!

Try to compose a letter/an e-mail using the vocabulary in the box below. Remember to include an address, date, suitable greeting and conclusion.

Tá post nua faighte agat in óstán faoin tuath. Scríobh litir/ríomhphost chuig do thuismitheoirí sa bhaile./*You have got a new job in a hotel in the country. Write a letter/an e-mail to your parents at home.*

Cabhair	
Tá an ceantar go hálainn	*The area is beautiful*
An-bheomhar	*Very lively*
Tá na cailíní agus na buachaillí an-chairdiúil	*The girls and boys are very friendly*
Cabhrach	*Helpful*
Taitníonn an cócaire liom; tá sé an-ghreannmhar	*I like the cook; he's very funny*
Bíonn sé i gcónaí ag gearán	*He's always complaining*
Na freastalaithe	*The waiters/waitresses*
Is fuath liom ag ullmhú na mbricfeastaí	*I hate preparing the breakfasts*
Cuairteoirí	*Visitors*
Ag éirí chomh luath sin	*Getting up so early*
Téim chuig an bpictiúrlann uair sa tseachtain	*I go to the cinema once a week*
Táim ag tnúth le bhur gcuairt	*I'm looking forward to your visit*

Litir shamplach/Ríomhphost samplach 3
Sample letter/E-mail 3

Tá tú ar saoire campála faoin tuath. Seol litir/ríomhphost chuig do chara sa bhaile./*You are on a camping holiday in the country. Write a letter/an e-mail to your friend at home.*

Ionad Campála na Locha
An Abhainn Dhubh
Loch Garman

5 Lúnasa

A Éamoinn, a chara,

Tá súil agam go bhfuil tú ag baint taitnimh as an samhradh. Nach bhfuil an aimsir go hálainn i láthair na huaire? Mar is eol duit táim ar saoire campála leis an teaghlach ar fad i gContae Loch Garman.

Táimid ag fanacht in ionad campála ar imeall an tsráidbhaile. Tá na háiseanna san ionad sármhaith agus tá na mílte déagóir ag fanacht ann. Gach lá téim le Muiris agus Caitríona chuig an trá atá thart ar mhíle go leith ón ionad campála.

Nuair a thagaimid ar ais cuireann Daid stéig nó ispíní ar an mbearbaiciú. Aréir tháinig mo chairde agus ní raibh aon ispíní fágtha do Dhaid! Bhí sé ar deargbhuile. Ina dhiaidh sin chuamar ag spaisteoireacht timpeall na háite.

Beidh mé ag teacht abhaile an tseachtain seo chugainn mar go bhfuil post faighte agam in Ollmhargadh Uí Shé. Níl pingin rua agam agus ba mhaith liom airgead a shábháil i gcomhair oíche an Debs.

Caithfidh mé imeacht anois. Cuirfidh mé glao ort an tseachtain seo chugainn.

Mise do chara,

Niall

Litir shamplach/Ríomhphost samplach 4 – Sample letter/E-mail 4

Thug d'uncail post samhraidh duit. Ní maith leat an post sin. Scríobh an litir/ríomhphost a chuirfeá chuig d'uncail ag insint dó cén fáth a bhfuil tú chun éirí as an bpost.

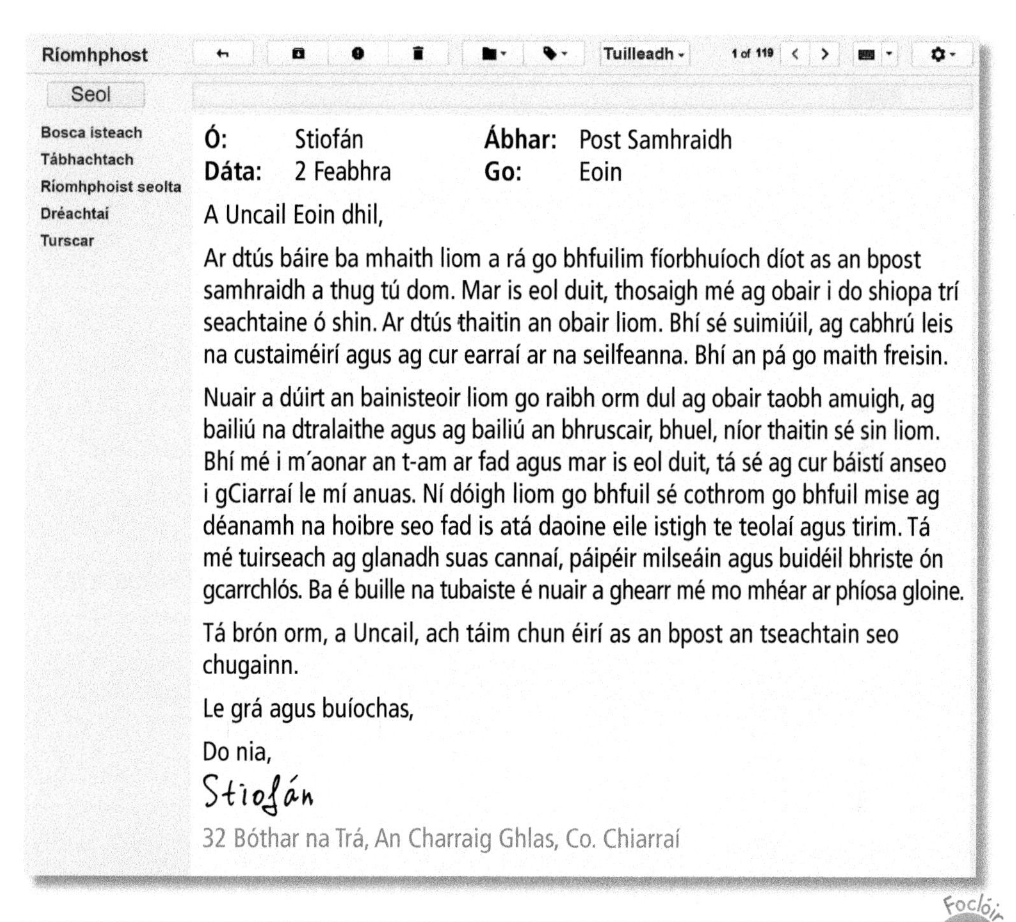

Ó: Stiofán **Ábhar:** Post Samhraidh
Dáta: 2 Feabhra **Go:** Eoin

A Uncail Eoin dhil,

Ar dtús báire ba mhaith liom a rá go bhfuilim fíorbhuíoch díot as an bpost samhraidh a thug tú dom. Mar is eol duit, thosaigh mé ag obair i do shiopa trí seachtaine ó shin. Ar dtús thaitin an obair liom. Bhí sé suimiúil, ag cabhrú leis na custaiméirí agus ag cur earraí ar na seilfeanna. Bhí an pá go maith freisin.

Nuair a dúirt an bainisteoir liom go raibh orm dul ag obair taobh amuigh, ag bailiú na dtralaithe agus ag bailiú an bhruscair, bhuel, níor thaitin sé sin liom. Bhí mé i m'aonar an t-am ar fad agus mar is eol duit, tá sé ag cur báistí anseo i gCiarraí le mí anuas. Ní dóigh liom go bhfuil sé cothrom go bhfuil mise ag déanamh na hoibre seo fad is atá daoine eile istigh te teolaí agus tirim. Tá mé tuirseach ag glanadh suas cannaí, páipéir milseáin agus buidéil bhriste ón gcarrchlós. Ba é buille na tubaiste é nuair a ghearr mé mo mhéar ar phíosa gloine.

Tá brón orm, a Uncail, ach táim chun éirí as an bpost an tseachtain seo chugainn.

Le grá agus buíochas,

Do nia,

Stiofán

32 Bóthar na Trá, An Charraig Ghlas, Co. Chiarraí

Gluais

Ar dtús báire	*First of all*
Fíorbhuíoch díot	*Very grateful to you*
Bainisteoir	*Manager*
I m'aonar	*On my own*
Mar is eol duit	*As you know*
Le mí anuas	*For a month*
Cothrom	*Fair*
Te teolaí	*Warm and cosy*
Tirim	*Dry*
Buille na tubaiste	*Last straw*
Ghearr mé	*I cut*

Part B: Litir fhoirimeálta/Ríomhphost foirimeálta Formal letter/E-mail

Foclóir ABC

Nathanna usáideacha/Useful phrases		
Official title of the person you're writing to	An tEagarthóir	*The Editor*
	An Ceannasaí Clár	*The Head of Programmes*
	An Bainisteoir	*The Manager*
	An Príomhoide	*The Principal*
	An tAire Oideachais/Spóirt...	*The Minister for Education/ Sport...*
Beannú	A dhuine uasail	*Dear Sir/Madam*
	A chara	*(My) dear sir/madam*
Tús	________ is ainm dom	*My name is ________*
	Is scoláire dara léibhéal mé	*I'm a second level student*
	Táim ag scríobh thar ceann mo ranga féin	*I'm writing on behalf of my own class*
	Táim ag scríobh chugat chun gearán a dhéanamh	*I'm writing to you to make a complaint*
	Chun comhghairdeas a dhéanamh le do pháipéar nuachta/do chlár teilifíse	*To congratulate your newspaper/your TV programme*
	I dtús báire, caithfidh mé a rá...	*Firstly, I must say...*
Deireadh	Bheinn buíoch díot dá bhfoilseofá an litir/ríomhphost seo	*I would be grateful if you would publish this letter/e-mail*
	Mise le meas...	*Yours faithfully...*

Litir/Ríomhphost iarratais ar phost/ A job application

Bain úsáid as na nótaí thíos chun iarratas a chur isteach ar phost samhraidh.
Use the notes below to apply for a summer job.

Foclóir ABC

Foclóir	
Ba mhaith liom cur isteach ar an bpost seo	*I would like to apply for this job*
Ba bhreá liom a bheith i mo...	*I would love to be a...*
Is aoibhinn liom ag obair le...	*I love working with...*
Tá taithí agam ar a bheith ag...	*I have experience...*
Tá mé go maith ag...	*I'm good at...*
Tá an-spéis agam i...	*I'm very interested in...*
Suimiúil/taitneamhach/difriúil/ dúshlánach	*Interesting/enjoyable/different/ challenging*
Triail a bhaint as	*To try*
Ba mhaith liom triail a bhaint as...	*I would like to try...*
Buanna	*Gifts/talents*
Is duine macánta/cineálta/cairdiúil/ stuama mé	*I am an honest/kind/friendly/sensible person*
Tá pearsantacht thaitneamhach agam	*I have a good personality*
Tá mé uaillmhianach/sciliúil/cliste/ cumasach/dílis	*I am ambitious/skilful/clever/capable/loyal*
Réitím go han-mhaith le daoine/páistí/ hainmhithe	*I get on very well with people/children/ animals*
Má thugann tú an post dom geallaim duit go ndéanfaidh mé mo dhícheall	*If you give me the job I promise you that I will do my best*
Beidh mé ag súil le cloisteáil uait	*I will be looking forward to hearing from you*

Ceacht

Practise... practise...

Revise the vocabulary that you used when preparing for the *giota leanúnach/blag* and the *béaltriail.*

Litir shamplach/Ríomhphost samplach 5
Sample letter/E-mail 5

Léigh tú alt sa nuachtán *Foinse* go bhfuil cead pleanála faighte ag fear saibhir i do cheantar chun caoga teach a thógáil i bpáirc in aice le do theach. Níl tú sásta leis seo. Scríobh an litir a chuirfeá chuig eagarthóir an nuachtáin.

2 Bóthar na Páirce
An Uaimh
Co. na Mí

3 Iúil

A Eagarthóir, a chara,

Léigh mé an tseachtain seo caite go raibh cead pleanála faighte ag fear saibhir i mo cheantar chun caoga teach a thógáil i bpáirc in aice le mo theach.

Chuir an nuacht seo idir fhearg agus imní orm. Is é mo thuairim go bhfuil an iomarca tithe nua san Uaimh. Tógadh na céadta teach le cúpla bliain anuas agus tá a lán daoine nua ina gcónaí sa bhaile anois. Tá a lán páistí óga anseo freisin.

Tá áiseanna ag teastáil i mo cheantar, níl níos mó tithe ag teastáil. Tá an pháirc seo ag teastáil le haghaidh spóirt. Úsáideann an Cumann Lúthchleas Gael agus an club sacair áitiúil an pháirc seo. Cá rachaidh na daoine óga seo ag imirt má tá tithe sa pháirc? Tá sé scanallach.

Táim ag impí ar gach duine scríobh chuig na polaiteoirí áitiúla agus chuig an Aire Comhshaoil. Níl sé ceart go mbeidh an pháirc seo imithe agus go mbeidh na daoine ag fulaingt.

Is mise le meas,
Eoin Ó Súilleabháin

Foclóir ABC

Gluais	
An iomarca	*Too many*
Áiseanna	*Facilities*
Ag teastáil	*Needed*
Áitiúil	*Local*
Scanallach	*Scandalous*
Ag impí	*Appealing*
An tAire Comhshaoil	*Minister of the Environment*
Ag fulaingt	*Suffering*

Ceacht

Bain triail anois as!/Have a go!

Use the notes below to write a letter/an e-mail to the editor of a magazine.

Léigh tú alt in iris do dhéagóirí le déanaí nár thaitin leat. Scríobh litir/ríomhphost chuig eagarthóir na hirise./*You read an article in a magazine for teenagers recently that you did not like. Write a letter/an e-mail to the editor of the magazine.*

Le Foghlaim

Ag gearán/Complaining	
Tá mé ag scríobh chugat chun gearán a dhéanamh	*I'm writing to you to complain*
Táim an-mhíshásta leat/le do stáisiún/le do nuachtán/le d'iris/leis an rialtas	*I'm very unhappy with you/with your station/newspaper/magazine/the government*
Léim do nuachtán/féachaim ar do chlár go minic	*I read your newspaper/watch your programme often*
D'fhoilsigh sibh alt le déanaí a bhain le cúrsaí…	*You published an article recently that had to do with…*
Chraol sibh clár le déanaí a bhain le cúrsaí…	*You broadcast a programme recently that had to do with…*
Dúirt … san alt go raibh…	*… said in the article that…*
Cúrsaí ceoil/spóirt	*Music/sport*
Daoine óga/drugaí/alcól/scoláirí	*Young people/drugs/alcohol/students*
Ar an gcéad dul síos	*Firstly*
Ba mhaith liom a rá	*I would like to say*
Caithfidh mé a rá	*I must say*
Go huile is go hiomlán	*Completely and utterly*
Chomh maith leis sin	*As well as that*
Aontaím/Ní aontaím leis sin	*I agree/don't agree with that*
Níl sa mhéad sin ach ráiméis!	*That's a load of rubbish!*
Mar is eol do chách	*As everyone knows*
Agus rud eile	*And another thing*
Caighdeán na gclár	*The standard of the programmes*
Ráiteas	*A statement*
Tá súil agam go mbeidh athrú ar an scéal	*I hope that that will change*
Déan cinnte go mbeidh…	*Make sure that there will be…*

Litir shamplach/Ríomhphost samplach 6
Sample letter/E-mail 6

Bhí alt sa nuachtán *Foinse* a dúirt nach raibh sé ceart go mbeadh daltaí Ardteiste ag obair gach tráthnóna tar éis na scoile agus ag an deireadh seachtaine. Scríobh an litir/ríomhphost a chuirfeá chuig eagarthóir an nuachtáin.

Ríomhphost

Seol

Bosca isteach
Tábhachtach
Ríomhphoist seolta
Dréachtaí
Turscar

Ó: Úna Ní Ruairc
Ábhar: Alt i bhFoinse
Dáta: 6 Deireadh Fómhair
Go: Foinse

A Eagarthóir, a chara,

Léigh mé alt sa nuachtán Foinse an tseachtain seo caite a dúirt nach bhfuil sé ceart go mbeadh daltaí Ardteiste ag obair gach tráthnóna tar éis na scoile agus ag an deireadh seachtaine. A leithéid de ráiméis níor léigh mé riamh! Is dalta Ardteiste mé agus tá post páirtaimseartha agam. Bím ag obair gach Aoine, idir a cúig agus a hocht a chlog agus arís ar an Satharn idir a naoi ar maidin agus a trí sa tráthnóna. Cad atá cearr leis sin?

Tá mise neamhspleách anois toisc go bhfuil mo phost féin agam agus go bhfuil mo chuid airgid féin agam. Tá áthas ar mo thuismitheoirí mar go gceannaím mo chuid éadaí féin agus mo chreidmheas do m'fhón póca. Tá triúr sa chlann níos óige ná mise agus tá mo thuismitheoirí sásta nach mbím ag lorg airgid uathu.

Tá neart ama fágtha agam chun mo chuid staidéir a dhéanamh agus chun dul amach le mo chairde. Ceapaim go bhfuil éad le daoine óga ar an duine a scríobh an t-alt agus tá trua agam dó!

Is mise le meas,

Úna Ní Ruairc

'Radharc na Gréine', Bóthar na Scoile, Baile na hAbhann, Co. na Gaillimhe

Foclóir

Gluais	
Ráiméis	*Rubbish*
Páirtaimseartha	*Part time*
Cearr	*Wrong*
Neamhspleách	*Independent*
Creidmheas	*Credit*
Ag lorg	*Looking for*
Neart ama	*Plenty of time*
Éad	*Jealous*

Litir/Ríomhphost a bhaineann le daoine óga/ Issues concerning young people	
Táim ag scríobh na litreach/an ríomhphoist seo chun ... a phlé	*I'm writing this letter/e-mail to discuss...*
Táim ag scríobh na litreach/an ríomhphoist seo chun d'aird a dhíriú ar...	*I'm writing this letter/e-mail to draw your attention to...*
Fadhb mhór is ea ...	*... is a big problem*
Easpa áiseanna/an dífhostaíocht/an imirce/an bhochtaineacht/an truailliú/an trácht/drugaí/alcól	*Lack of facilities/unemployment/ emigration/poverty/pollution/traffic/ drugs/alcohol*
I measc daoine óga/sa tír seo/in Éirinn/sa cheantar seo/sa scoil seo	*Among young people/in this country/in Ireland/in this area/in this school*
Ar an gcéad dul síos/sa dara háit/mar fhocal scoir	*Firstly/secondly/as a parting word*
Caithfidh mé a rá/is oth liom a rá/ní gá dom a rá	*I have to say/I regret to say/I don't need to say*
Tá an fhadhb ag dul in olcas/imithe ó smacht	*The problem is getting worse/is out of control*
Cuireann sé déistin orm	*It disgusts me*
Ní sé ceart ná cóir	*It's not right*
Ba cheart dúinn...	*We should...*
Ba cheart don rialtas...	*The government should...*
Iarraimid ort	*We ask you*
Aghaidh a thabhairt ar an bhfadhb seo	*To face this problem*
An fhadhb seo a réiteach	*To solve this problem*

Ceacht

Bain triail anois as!/Have a go!

Níl go leor áiseanna do dhaoine óga i do cheantar. Scríobh litir/ríomhphost chuig do Theachta Dála áitiúil./*There are not enough facilities for young people in your area. Write a letter/an e-mail to your local TD.*

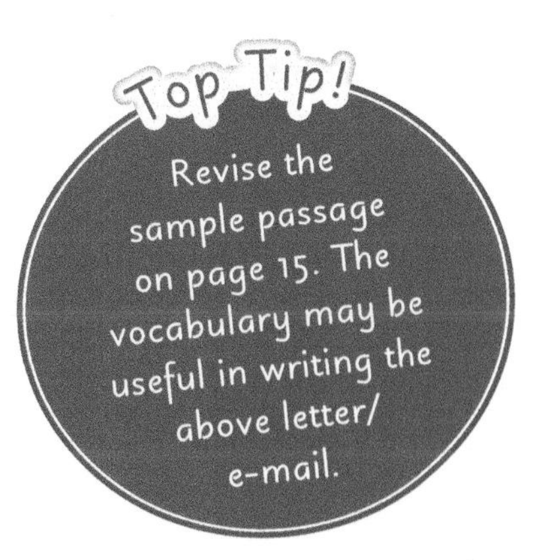

5 Ceapadóireacht D – Comhrá

Learning objectives

In this chapter you will learn about:

1. Useful phrases and vocabulary that relate specifically to the conversation
2. Advice and exam tips on how to approach the conversation
3. How to structure and write a simple conversation

Option D – Comhrá/Conversation

Exam guidelines

- The *comhrá* forms option D of the *Ceapadóireacht* section on Paper 1 of the exam.
- Students are required to write on **two** of the following options: *giota leanúnach/blag*, *scéal*, *litir/ríomhphost* or *comhrá.*
- The *comhrá* requires you to write a conversation.
- It must be 15–20 lines long.
- Two conversations are set and you may choose **one** from these.
- Fifty (50) marks are allocated to the *comhrá.*
- Long-term preparation is essential, as much of the basic vocabulary used in the *comhrá* can be prepared in advance and used repeatedly.
- Study the verbs in the *Aimsir Chaite* and the *Aimsir Láithreach* as the *comhrá* is generally written in the past tense or present tense.
- Revise the question form of the verb thoroughly.
- Begin your preparation by drawing a plan at the back of your answer book. Sketch out the key events that you would like to describe.
- When you have completed your *comhrá*, re-read it carefully to ensure that you have corrected any mistakes.

Exam techniques

- Spend five minutes studying your options before making a final choice.
- Underline the key words in the *comhrá* as you read it.
- If you really do not understand it, move to the next option and work through it slowly.
- Begin to draw a rough plan once you have made your final decision.

Past exam questions

2014

Ceapann do thuismitheoirí go gcaitheann tú an iomarca ama ar Facebook. Tá siad míshásta leat mar níl tú ag déanamh staidéir don Ardteistiméireacht. Scríobh *an comhrá* (leathleathanach nó mar sin) a bheadh agat le do thuismitheoirí faoi sin.

Your parents think that you spend too much time on Facebook. They are unhappy with you as you are not studying for the Leaving Certificate. Write the conversation that you would have with your parents about that.

Nó

Bhí tú féin agus do chara ag comhrá le chéile faoi chlár teilifíse. Thaitin an clár teilifíse leat ach níor thaitin sé le do chara. Scríobh an comhrá (leathleathanach nó mar sin) a bheadh agat le do chara faoi sin.

You were discussing a television programme with a friend. You liked the television programme but your friend did not like it. Write the conversation that you would have with your friend about that.

2013

Tá plean agat árasán a fháil ar cíos sa chathair le do chairde an bhliain seo chugainn nuair a bheidh tú ar an gcoláiste tríú leibhéal. Scríobh *an comhrá* (leathleathanach nó mar sin) a bheadh agat le do thuismitheoirí faoi sin.

You plan on renting an apartment in the city with your friends next year when you will be at third level college. Write the conversation (about half a page) you would have with your parents about this.

Nó

Ba mhaith leat dul ar saoire go dtí an Spáinn le do chairde tar éis na hArdteistiméireachta ach b'fhearr le do chara fanacht in Éirinn. Scríobh *an comhrá* (leathleathanach nó mar sin) a bheadh agat le do chara faoi sin.	*You would like to go on a holiday to Spain with your friends after the Leaving Cert but your friend would prefer to stay in Ireland. Write the conversation (about half a page) you would have with your friend about this.*

2012

Ba bhreá leat dul go dtí scannán sa chathair ach níl do chara cinnte. Scríobh an comhrá (leathleathanach nó mar sin) a bheadh idir an bheirt agaibh, ó bhéal nó ar líne, faoin ábhar sin.	*You would love to go to a film in the city but your friend isn't sure. Write the conversation (about half a page) the two of you would have, face to face or online, about this.*

Nó

An cheist mhór: Cad a dhéanfaidh tú tar éis na hArdteistiméireachta? Scríobh an comhrá (leathleathanach nó mar sin) a bheadh agat le do thuismitheoirí faoi sin.	*The big question: What will you do after the Leaving Cert? Write the conversation (about half a page) you would have with your parents about this.*

2011

Ba mhaith leatsa cúpla lá a chaitheamh ag rothaíocht faoin tuath an samhradh seo ach b'fhearr le do chara deireadh seachtaine a chaitheamh sa chathair. Scríobh *an comhrá* (leathleathanach nó mar sin) a bheadh idir an bheirt agaibh faoin ábhar sin.	*You would like to spend a few days cycling in the countryside this summer but your friend would prefer to spend a weekend in the city. Write the conversation (about half a page) the two of you would have about this topic.*

Nó

Is maith leatsa am a chaitheamh ar *Facebook* nó ar *Twitter* ach ceapann do chara gur cur amú ama iad. Scríobh *an comhrá* (leathleathanach nó mar sin) a bheadh idir an bheirt agaibh faoi sin.	*You like spending time on Facebook or Twitter but your friend thinks that this is a waste of time. Write the conversation (about half a page) the two of you would have about this topic.*

2010	
Ba mhaith le do rang damhsa mór a chur ar siúl i halla na scoile ag deireadh na bliana. Níl an príomhoide róchinnte faoin smaoineamh. Scríobh *an comhrá* (leathleathanach nó mar sin) a bheadh idir an bheirt agaibh faoin ábhar sin.	*Your class would like to hold a big dance in the school hall at the end of the year. The principal isn't too sure about this idea. Write the conversation (about half a page) the two of you would have about this topic.*

Nó

Is maith leat féachaint ar na cláir réaltachta mar *X Factor* ar an teilifís ach is fearr le do chara na cláir spóirt. Scríobh *an comhrá* (leathleathanach nó mar sin) a bheadh idir an bheirt agaibh faoi sin.	*You like looking at reality shows like the* X Factor *but your friend prefers sports programmes. Write the conversation (about half a page) the two of you would have about this topic.*

Nathanna úsáideacha/Useful phrases

Foclóir ABC

Tús/Beginning		
Beannachtaí/ Greetings	Dia duit, a Mháire	*Hello Máire*
	Dia is Muire duit, a Phádraig	*Hello Pádraig*
	Conas atá cúrsaí?	*How are things?*
	Cén chaoi a bhfuil tú?	*How are you?*
	Ní fhaca mé le fada thú	*I haven't seen you in ages*
	A Áine/Thomáis	*(calling) Áine/Thomas*

Foclóir ABC

Lár/Middle		
Ceisteanna/ Questions	Cad a bheidh ar siúl?	*What will be going on?*
	Cad atá ar siúl agat?	*What are you doing?*
	Cad a tharla?	*What happened?*
	Conas a d'éirigh leat?	*How did you get on?*
	Cén fáth?	*Why?*
	Cén t-am?/Cén lá?/ Cé mhéad?/Cén sórt?	*What time?/What day?/ How much?/What kind?*
	Cén drochscéal atá agat?	*What's the bad news?*
	Cén dea-scéal atá agat?	*What's the good news?*
	Cén fhadhb atá agat?	*What's the problem?*

Lár/Middle *(contd)*		
	An ag magadh atá tú?	*Are you joking?*
	Ar mhaith leat dul go dtí…?	*Would you like to go to…?*
	An bhfaca tú…?	*Did you see…?*
	An bhfuair tú…?	*Did you get…?*
	Ar thug tú…?	*Did you give…?*
	An raibh tú…?	*Were you…?*
	An ndeachaigh tú…?	*Did you go…?*
	Ar chuala tú…?	*Did you hear…?*
	An ndearna tú…?	*Did you do…?*
	An as do mheabhair atá tú?	*Are you mad?*
Tuairimí a léiriú/ Expressing your opinion	Ceapaim	*I think*
	Sílim	*I think*
	Creidim	*I believe*
	Is í mo thuairim	*It's my opinion*
	Is é mo bharúil	*It's my opinion*
	Caithfidh mé a rá	*I have to say*
	Tá súil agam	*I hope*
	Ba mhaith liom a rá	*I would like to say*
Nuair a aontaíonn tú le tuairim/ When agreeing with an opinion	Aontaím leat	*I agree with you*
	Is fíor sin	*That's true*
	Ceart go leor	*All right*
	Chreidfinn é sin	*I would believe that*
Nuair nach n-aontaíonn tú le tuairim/When disagreeing with an opinion	Ní fíor sin	*That's not true*
	Ní chreidfinn é sin ar chor ar bith	*I wouldn't believe that at all*
	Ach céard faoi…?	*But what about…?*
	Tá sé sin amaideach	*That's stupid*
	Is deacair é sin a chreidiúint	*That's hard to believe*
	Pé scéal é	*Anyway*
	Gabh mo leithscéal ach…	*Excuse me but…*
	Ná bí do mo chrá…	*Don't be tormenting me…*
	I ndáiríre	*In all honesty*
	Go bhfóire Dia orainn!	*God help us!*

Lár/Middle *(contd)*

Foclóir ABC

An Aimsir Fháistineach/ The future tense	Cuirfidh mé glao ort	*I'll call you*
	Tabharfaidh mé an t-airgead duit	*I'll give you the money*
	Caithfidh mé brostú	*I have to hurry*
	Beidh mé i dteagmháil leat	*I'll be in touch*
	Tosóidh mé	*I'll begin*
	Críochnóidh mé	*I'll finish*
	Feicfidh mé	*I'll see*
	Rachaidh mé	*I'll go*
	Tiocfaidh mé	*I'll come*
Mothúcháin/ Feelings	Tá áthas/náire/brón/díomá/ ionadh orm	*I'm happy/ashamed/sorry/ disappointed/surprised*
	Mo náire thú, a Shinéad	*I'm ashamed of you, Sinéad*
Orduithe/Orders	Cuir do chóta ort	*Put on your coat*
	Ná déan dearmad ar…	*Don't forget…*
	Buail liom ag an…	*Meet me at the…*
	Déan deifir	*Hurry up*
	Téigh ar ais go dtí an…	*Go back to the…*
	Téigh amach	*Go out*
	Féach ar an…	*Look at…*
	Tabhair aire duit féin	*Take care of yourself*
	Tar anseo anois!	*Come here now!*
	Faigh do mhála	*Get your bag*
	Fan sa bhaile	*Stay at home*
	Ná bí ag…	*Don't be…*
	Ná labhair liom mar sin!	*Don't speak to me like that!*
	Éirigh!	*Get up!*
	Féach!	*Look!*
	Dúisigh!	*Wake up!*
	Bí ciúin!	*Be quiet!*
	Éist nóiméad!	*Listen for a minute!*
	Seas suas!	*Stand up!*
	Dún suas!	*Shut up!*

Críoch/End

Foclóir ABC

	Go n-éirí an bóthar leat	*Take care*
	Slán go fóill	*Goodbye for now*
	Cuirfidh mé glao ort anocht	*I'll call you tonight*
	Feicfidh mé amárach thú	*I'll see you tomorrow*
	Slán tamall	*Goodbye for now*

Comhrá samplach 1/Sample conversation 1

Ba mhaith leat dul ar saoire le do chairde tar éis na hArdteiste ach níl do thuismitheoirí sásta cead a thabhairt duit imeacht. Scríobh an comhrá a bheadh eadraibh.

Pól:	A Mham agus a Dhaid, an féidir libh céad euro a thabhairt dom chun mo shaoire a chur in áirithe?
Tuismitheoirí:	Cén tsaoire? Nílimid ag dul ar aon saoire!
Pól:	Nílim ag dul libh. Tá an rang ar fad ag dul go dtí Ayia Napa ag tús mhí Iúil, díreach tar éis na hArdteiste.
Tuismitheoirí:	Chonaic mé clár ar an teilifís faoin áit sin. Sin an áit a mbíonn na déagóirí ag ól an t-am ar fad agus ansin ní bhíonn a fhios acu cad a bhíonn ar siúl acu. Bhí sceálta ann faoi éigniú agus robáil. Cinnte, níl cead agat dul.
Pól:	Ná bígí chomh seanfhaiseanta sin. Ní bheidh mise ag ól agus mar sin ní bheidh aon bhaol ann dom.
Tuismitheoirí:	Bhí gach duine ar an gclár teilifíse caochta ar meisce. Beidh sé an-deacair gan a bheith ag ól.
Pól:	Níl sé seo cothrom.
Tuismitheoirí:	Tá brón orainn ach níl cead agat dul. An bhliain seo chugainn b'fhéidir, nuair a bheidh tú níos sine agus do chuid airgid féin agat.
Pól:	Cinnte dearfa, beidh mé ag dul an bhliain seo chugainn.

Foclóir ABC

Gluais	
A chur in áirithe	*To book*
Éigniú	*Rape*
Seanfhaiseanta	*Old-fashioned*
Baol	*Danger*
Caochta ar meisce	*Blind drunk*

Ceacht

Bain triail anois as!/Have a go now!

- Read the instructions at the beginning of this section before you begin.
- Use the notes throughout this section when writing conversations.
- Re-read your conversation when you have finished.
   (i) *Is breá leat féin spórt ach is fuath le do chara spórt. Scríobh an comhrá (leathleathanach nó mar sin) a bheadh eadraibh.*
   (ii) *Tá tú ag caint le Garda Síochána faoin saol atá aige (aici).*

The key to getting a good mark in the comhrá section is to focus on the topic that you are asked to write on. A short introduction and conclusion is sufficient.

Comhrá samplach 2/Sample conversation 2

Is maith leatsa do sheomra a bheith glan agus néata. Ach bíonn leabhair, páipéir agus éadaí caite i gcónaí ar an urlár ag do dheartháir nó do dheirfiúr. Scríobh an comhrá a bheadh eadraibh.

Úna: A Mháire, maróidh mé thú!

Máire: Cén fáth? Cad atá cearr leat anois?

Úna: Cad atá cearr liom? An seomra atá cearr liom. Tá sé cosúil le cró muice. Tá páipéir agus éadaí ar fud na háite. Níl spás siúil ann.

Máire: Tá tusa gafa le néatacht. Tá tú i gcónaí ag gearán. Táim tinn tuirseach ag éisteacht leat ag gearán agus ag gearán seachtain i ndiaidh seachtaine faoin seomra seo. Ba bhreá liom go mbeadh mo sheomra féin agam.

Úna: Agus táim tinn tuirseach ag roinnt seomra le cailín leithleasach mar tusa, nach smaoiníonn ar éinne eile ach uirthi féin. Ba bhreá liom mo sheomra féin freisin.

Máire: An bhfuil aon réiteach agat ar an scéal?

Úna: Cén fáth nach féidir leat do pháipéir a chur sa bhosca bruscair agus do chuid éadaí a chur ar do leaba seachas ar an urlár an t-am ar fad?

Máire: Ceart go leor, ceart go leor, má gheallann tú go stopfaidh tú ag gearán.

Úna: Glanfaidh mé an seomra gach Satharn agus glanfaidh tusa an seomra ar an gCéadaoin. Céard faoi sin?

Máire: Ceart go leor. Aon seans go bhfaca tú mo sciorta bán?

Úna: Tá sé faoin gcarn mór éadaí ar an urlár!

Foclóir ABC

Gluais	
Cearr	*Wrong*
Cró muice	*Pigsty*
Gafa le néatacht	*Obsessed with tidiness*
Ag gearán	*Complaining*
Tinn tuirseach	*Sick and tired*
Leithleasach	*Selfish*
Réiteach	*Solution*
Seachas	*Instead*
Carn	*Pile*

Comhrá samplach 3/Sample conversation 3

Tá tú ag caint le do thuismitheoirí faoin bpost ba mhaith leat a bheith agat san am atá le teacht, nuair a bheidh tú críochnaithe ar scoil. Scríobh an comhrá a bheadh eadraibh.

Tuismitheoirí: An bhfuil a fhios agat go fóill, a Ghráinne, cén post ar mhaith leat tar éis na hArdteiste?

Gráinne: Nílim cinnte. Táim idir dhá chomhairle. Scaití ceapaim gur mhaith liom a bheith i mo mhúinteoir bunscoile agus scaití eile i mo dhlíodóir.

Tuismitheoirí: Céard iad na pointí atá ag teastáil don dá ghairm sin, an bhfuil a fhios agat?

Gráinne: Nílim céad fán gcéad cinnte ach tá a fhios agam go bhfuil siad ard go leor, timpeall cúig chéad nó mar sin.

Tuismitheoirí: Más maith leat a bheith saibhir bí id' dhlíodóir ach más maith leat a bheith ag obair le páistí óga agus laethanta saoire fada, bí id' mhúinteoir.

Gráinne: Ceapaim go bhfuil obair an dlíodóra suimiúil. Rinne mé taithí oibre san Idirbhliain in oifig dhlíodóra agus thaitin sé liom. Ach thaitin an taithí oibre i mo shean-bhunscoil go mór liom freisin. Níl a fhios agam cad a chuirfidh mé síos mar chéad rogha ar an bhfoirm CAO.

Tuismitheoirí: Tá tusa go hiontach le daoine óga. Is aoibhinn le do chol ceathracha thú, bíonn tú i gcónaí ag spraoi leo. Ceapaim go mbeidh thú ar fheabhas mar mhúinteoir bunscoile.

Gráinne: Go raibh maith agaibh, déanfaidh mé níos mó machnaimh ar an gceist.

Gluais	
Idir dhá chomhairle	*In two minds*
Scaití	*Sometimes*
Dlíodóir	*Solicitor*
Gairm	*Career*
Céad fán gcéad	*100%*
Más maith leat	*If you want*
Taithí oibre	*Work experience*
Idirbhliain	*Transition year*
Rogha	*Choice*
Ar fheabhas	*Excellent*

Ceacht

Practise... practise...

Use the vocabulary from this section to write conversations from past Leaving Certificate exam. The past exam topics are listed on pages 63–65.

6 Léamhthuiscint/ Comprehension

Learning objectives

In this chapter you will learn about:

1. Exam tips on how to approach the comprehension section of the exam
2. How to divide the comprehension passage into sections

Exam guidelines

- The *léamhthuiscintí* are on Paper 2 of the exam.
- Students are required to read the **two** passages and answer **all** the questions that are set on **both** comprehension passages.
- Fifty (50) marks are allocated to each comprehension.
- Long-term preparation and practice is essential.

Exam techniques

- Begin by glancing at the comprehension passage.
- Look at the headline and the photograph for hints about the topic.
- Each paragraph will be numbered. Work on each paragraph as a short comprehension passage. It is much less intimidating this way.
- Read the paragraph two or three times. Focus on the words that you understand. Try to piece together a rough translation of the paragraph in your mind.
- Look at the question that relates to that paragraph. Underline the key word or words in the question.

- Using a highlighter pen, mark the area of the text where you believe the answer is located.
- Attempt **all** questions. If you cannot find a particular answer, make an attempt. Try to link some words from the question with words in the passage.

Foirmeacha ceisteacha/Key question forms

For any student to answer a comprehension question they must understand the question. Study the question forms below before you begin to practise.

Luaigh	*Mention*
Cén fáth?	*Why?*
Cathain?	*When?*
Cad?	*What?*
Cá fhad?	*How long?*
Scríobh síos dhá phointe eolais	*Write down two points of information*
Cá?	*Where?*
Conas?	*How?*
Luaigh dhá fháth	*Mention two reasons*
Tabhair dhá shampla	*Give two examples*
Léirigh	*Show*
An dóigh leat?	*Do you think?*
Cén fáth a ndeir an scríbhneoir?	*Why does the writer say?*
Cén sórt?/Cén cineál?	*What sort?/What type?*
Cé mhéad ama?	*How much time?*
Cad as di?	*Where is she from?*
Cá ndeachaigh sé?	*Where did he go?*
Cén airde í?	*How tall is she?*
Cad air a bhfuil sé ag smaoineamh?	*What is he thinking of?*
Cén dá aidhm atá aici?	*What two aims has she got?*
Cén toradh a bhí air?	*What result did it have?*
Cá mbíodh sé ag traenáil?	*Where did he use to train?*
Cén fáth ar fhill sí?	*Why did she return?*

Past exam questions

2011

John Hume: An Phearsa is Mó i Stair na hÉireann

1 Rugadh John Hume i nDoire sa bhliain 1937. D'fhreastail sé ar Choláiste Choilm. I ndiaidh na meánscoile, chuaigh sé go dtí Coláiste Phádraig i Maigh Nuad. Bhí sé ag smaoineamh ar a bheith ina shagart ach d'athraigh sé a intinn tar éis tamaill. Rinne sé staidéar ar an Stair agus ar an bhFraincis. Bhain sé MA amach agus ansin d'fhill sé ar Dhoire agus fuair sé post mar mhúinteoir.

2 Bhunaigh sé féin agus roinnt daoine eile Comhar Creidmheasa i nDoire. Ní raibh sé ach 27 mbliana d'aois nuair a toghadh é ina Uachtarán ar Chonradh na hÉireann de Chomhair Chreidmheasa. Bhí sé ina Uachtarán ó 1964 go dtí 1968. Dúirt sé le déanaí gurbh é an rud ba mhó a raibh sé bródúil as ná an obair a rinne sé do ghluaiseacht na gComhar Creidmheasa ar fud na hÉireann ar fad. Tugann an Comhar Creidmheasa seans do gach duine sa tír, fiú do na daoine is boichte, beagán airgid a chur i dtaisce go rialta agus iasachtaí a fháil nuair a bhíonn airgead ag teastáil uathu.

3 Sa chóras polaitiúil a bhí i dTuaisceart na hÉireann ag an am, ní raibh cothrom na féinne le fáil ag an bpobal náisiúnach Caitliceach. Thosaigh daoine ag iarraidh cúrsaí a athrú sna seascaidí, agus ghlac Hume páirt sa ghluaiseacht i nDoire ar son rialtas áitiúil cóir a bhunú. Níorbh fhada gur toghadh é mar fheisire chuig na parlaimintí in Stormont, Westminster agus sa Bhruiséil. Rinneadh ceannaire de ar a pháirtí, an SDLP, sa bhliain 1979.

Bhí sé gníomhach ag lorg cearta daonna sa Tuaisceart, ag iarraidh socrú polaitiúil a aimsiú ann, agus ag mealladh monarchana chuig an áit. De réir mar a bhí an foréigean ag méadú sheas sé go láidir ar son modhanna síochána. Sna nóchaidí bhí ról lárnach aige sna cainteanna le réiteach síochánta a fháil ar na trioblóidí i dTuaisceart na hÉireann. Mar thoradh air sin d'fhógair an IRA sos cogaidh i 1994. D'éirigh siad as an bhforéigean agus ghlac Sinn Féin páirt ghníomhach sa chóras polaitiúil. Thuill Hume ardmheas idirnáisiúnta as a chuid oibre agus bhuaigh sé Duais Nobel na Síochána in éineacht le David Trimble i 1998.

4 Nuair a d'éirigh Hume as ceannaireacht an SDLP in 2001 moladh go hard é as a raibh déanta aige ar son Dhoire, a pháirtí, an phobail agus ar son na síochána. Mhol na páirtithe go léir in Éirinn é. Ní raibh gach duine chomh moltach céanna laistigh dá pháirtí féin, áfach. Dúradh, mar shampla, go raibh sé rórúnda ina chaidreamh le baill an pháirtí, gur fhan sé rófhada sa phost mar cheannaire agus nár thug sé seans do dhaoine nua tabhairt faoi na dúshláin nua a bhí rompu i ndiaidh 1994.

5 Sa bhliain 2010, cúig bliana tar éis do Hume éirí as an bpolaitíocht de bharr cúrsaí sláinte, ainmníodh é ar an *Late Late Show* mar 'An Phearsa is Mó i Stair na hÉireann'. Bhí pobal na tíre tar éis vótáil dá rogha duine as cúigear a bhí ainmnithe don ghradam. Is é John Hume an t-aon duine ar domhan a bhfuil na trí ghradam, Duais Gandhi don tSíocháin, Duais Martin Luther King agus Duais Nobel na Síochána, buaite aige. Ghlac sé go humhal leis an ngradam is deireanaí seo, ag gabháil buíochais leo siúd ar fad a chuidigh leis Éire níos síochánta a chruthú.

Ceisteanna

1 (a) Cén áit **agus** cathain a rugadh John Hume? *(Alt 1)*

(b) Cén post a fuair sé nuair a d'fhill sé ar Dhoire? *(Alt 1)* (10 marc)

2 (a) Cén aois a bhí aige nuair a toghadh ina Uachtarán é ar Chonradh na hÉireann de Chomhair Chreidmheasa? *(Alt 2)*

(b) Conas a chabhraíonn an Comhar Creidmheasa leis na daoine is boichte sa tír? *(Alt 2)* (10 marc)

3 Luaigh **dhá** thoradh a bhí ar na cainteanna i dTuaisceart na hÉireann sna nóchaidí. *(Alt 3)* (10 marc)

4 Luaigh **dhá** ghearán a rinne daoine laistigh dá pháirtí faoi John Hume. *(Alt 4)* (10 marc)

5 (a) Cathain a bronnadh an gradam 'An Phearsa is Mó i Stair na hÉireann' air? *(Alt 5)*

(b) Luaigh na **trí** ghradam a bhuaigh John Hume. *(Alt 5)* (10 marc)

Freagraí

1 (a) Cén áit **agus** cathain a rugadh John Hume? *(Alt 1)*

Rugadh John Hume i nDoire sa bhliain 1937.

(b) Cén post a fuair sé nuair a d'fhill sé ar Dhoire? *(Alt 1)*

Fuair sé post mar mhúinteoir.

2 (a) Cén aois a bhí aige nuair a toghadh ina Uachtarán é ar Chonradh na hÉireann de Chomhair Chreidmheasa? *(Alt 2)*

27 mbliana d'aois.

(b) Conas a chabhraíonn an Comhar Creidmheasa leis na daoine is boichte sa tír? *(Alt 2)*

Tugann sé seans do na daoine is boichte beagán airgid a chur i dtaisce go rialta agus iasachtaí a fháil.

3 Luaigh **dhá** thoradh a bhí ar na cainteanna i dTuaisceart na hÉireann sna nóchaidí. *(Alt 3)*

D'fhógair an IRA sos cogaidh in 1994 agus d'éirigh siad as an bhforéigean.

4 Luaigh **dhá** ghearán a rinne daoine laistigh dá pháirtí faoi John Hume. *(Alt 4)*

Dúradh gur fhan sé rófhada sa phost mar cheannaire agus go raibh sé rórúnda ina chaidreamh le baill an pháirtí.

5 (a) Cathain a bronnadh an gradam 'An Phearsa is Mó i Stair na hÉireann' air? *(Alt 5)*

Sa bhliain 2010.

(b) Luaigh na **trí** ghradam a bhuaigh John Hume. *(Alt 5)*

Duais Gandhi don tSíocháin, Duais Martin Luther King agus Duais Nobel na Síochána.

Sinéad Ahearne: Laoch Pheil na mBan in 2010

1 Is í Sinéad Ahearne an peileadóir a d'ainmnigh *Foinse* mar Imreoir na Bliana i bPeil na mBan ag deireadh na bliana 2010. Fuair sí gradam mar gheall ar an ról lárnach a bhí aici ar fhoireann Bhaile Átha Cliath a rinne gaisce i Meán Fómhair 2010. Bhuaigh siad Craobh na hÉireann sa pheil shinsearach den chéad uair agus thug siad Corn Bhreandáin Uí Mháirtín abhaile leo go dtí an Ardchathair. Agus is maith a bhí na gradaim sin tuillte ag Sinéad. Cé go bhfuil sí óg fós – níl sí ach 24 – tá sí ar phainéal Bhaile Átha Cliath le roinnt blianta anuas. Sular bhuaigh sé an bonn Uile-Éireann seo, bhí briseadh croí aici i dtrí chraobhchluiche. Is maith mar a thuigeann peileadóir mar Shinéad go bhfuil fírinne sa seanfhocal: Is i ndiaidh a chéile a thógtar na caisleáin.

2 Aithnítear a cuid tallann ar fud na hÉireann. Bhain sí gradam *All Star* amach den chéad uair sa bhliain 2009 ach ainmníodh don ghradam ceithre huaire roimhe sin í. Scóráil sí 4-19 san iomlán do Bhaile Átha Cliath i gCraobhchomórtas Sinsir TG4 in 2010. De réir mar a bhí an comórtas ag dul ar aghaidh agus brú ag teacht ar Bhaile Átha Cliath is ea is fearr a d'imir sí. Uair ar bith a bhí an fhoireann i bponc is ise a bhí ar fáil chun breith ar an liathróid sa líne lántosaithe. Fuair Baile Átha Cliath scór beagnach gach uair a bhí an liathróid ina seilbh aici.

3 Sa chluiche ceathrú ceannais i gcoinne Chontae an Chláir scóráil sí 2-4. Sa chluiche leathcheannais i gcoinne Chontae Laoise, níor scóráil sí ach dhá chúilín. Is beag scór a bhí sa chluiche sin, agus ní raibh le spáráil ag Baile Átha Cliath ach an dá chúilín. Ba í Sinéad laoch na himeartha an lá sin dar le tromlach an lucht féachana. Thug sé inspioráid dá comhimreoirí ar a bealach ciúin féin. Ghlac sí freagracht uirthi féin ar an lán. Níor stop sí ag imirt ó thús deireadh an chluiche.

4 Ach is dócha gur choimeád sí taispeántas na bliana go dtí an lá mór, Dé Domhnaigh, 26 Meán Fómhair, i bPáirc an Chrócaigh i gcoinne Thír Eoghain. Ní raibh cúlaithe Thír Eoghain in ann í a stopadh agus scóráil sí 2-7 an lá sin. Ag caint dó ar a taispeántas an lá sin, dúirt Páidí Ó Sé, duine de laochra Chiarraí, go raibh a cuid imeartha iontach. I ndáiríre, mhol sé do pheileadóirí ó gach contae féachaint ar fhíseán an chluiche sin chun foghlaim ó scileanna Shinéad. Ba chóir do gach tosaí sa tír a bheith ag iarraidh an caighdeán sin a bhaint amach, dar leis.

5 An rud iontach faoin imreoir seo ó chlub San Silbheastair i Mullach Íde i dtuaisceart Bhaile Átha Cliath ná go bhfuil sí breá socair agus nach bhfuil sí mórtasach aisti féin. Agus í ag glacadh le gradam Laoch na hImeartha lá an chraobhchluiche, mhol sí a cuid comhimreoirí, a club, a clann agus peileadóirí Thír Eoghain a bhí tar éis cailliúint. Labhair sí faoin tábhacht a bhaineann le foghlaim na scileanna, le traenáil, le comhimirt agus le misneach a bheith ag duine nuair a theipeann air nó uirthi. Is sampla maith de na rudaí sin go léir í féin, a chuir an brón agus an díomá go léir taobh thiar di agus a bhuaigh an duais mhór an fómhar seo caite.

Ceisteanna

1 (a) Cén gradam a bhronn *Foinse* ar Shinéad Ahearne ag deireadh 2010? *(Alt 1)*

(b) Cén aois atá ag Sinéad? *(Alt 1)* (10 marc)

2 (a) Cén bhliain ar bhain Sinéad a céad ghradam All Star? *(Alt 2)*

(b) Cén áit ar an bpáirc a n-imríonn Sinéad? *(Alt 2)* (10 marc)

3 Luaigh **dhá** rud a rinne Sinéad sa chluiche leathcheannais i gcoinne Chontae Laoise. *(Alt 3)* (10 marc)

4 (a) Cén scór a fuair sí sa chluiche ceannais i gcoinne Thír Eoghain? *(Alt 4)*

(b) Luaigh duine amháin a bhí an-tógtha le himirt Shinéad sa chluiche ceannais. *(Alt 4)* (10 marc)

5 (a) Cén saghas duine í Sinéad? *(Alt 5)*

(b) Luaigh **dhá** ghrúpa a mhol Sinéad. *(Alt 5)* (10 marc)

Freagraí

1 (a) Cén gradam a bhronn *Foinse* ar Shinéad Ahearne ag deireadh 2010? *(Alt 1)*
Imreoir na Bliana i bPeil na mBan.

(b) Cén aois atá ag Sinéad? *(Alt 1)*
24.

2 (a) Cén bhliain ar bhain Sinéad a céad ghradam All Star? *(Alt 2)*
Sa bhliain 2009.

(b) Cén áit ar an bpáirc a n-imríonn Sinéad? *(Alt 2)*
Imríonn sí sa líne lántosaithe.

3 Luaigh **dhá** rud a rinne Sinéad sa chluiche leathcheannais i gcoinne Chontae Laoise. *(Alt 3)*
Scóráil sí dhá chúilín. Thug sí inspioráid dá comhimreoirí.

4 (a) Cén scór a fuair sí sa chluiche ceannais i gcoinne Thír Eoghain? *(Alt 4)*
Fuair sí 2-7.

(b) Luaigh duine amháin a bhí an-tógtha le himirt Shinéad sa chluiche ceannais. *(Alt 4)*
Páidí Ó Sé.

5 (a) Cén saghas duine í Sinéad? *(Alt 5)*
Tá sí breá socair agus níl sí mórtasach aisti féin.

(b) Luaigh **dhá** ghrúpa a mhol Sinéad. *(Alt 5)*
Mhol sí peileadóirí Thír Eoghain agus a clann.

2010

Agus anois an aimsir ...

1 Níl duine ar bith againn iomlán cinnte conas mar a bheidh an aimsir amárach. Feirmeoirí, iascairí, daoine ar laethanta saoire, agus duine ar bith a bhíonn ag obair faoin aer, cuireann siad spéis mhór i scéal na haimsire. In Éirinn, gan dabht, is beag lá nach mbíonn báisteach ann. Dá mbeadh an aimsir tirim ar feadh i bhfad, áfach, bheadh plandaí, ainmhithe agus daoine ag fáil bháis den tart, mar a tharlaíonn uaireanta in áiteanna san Afraic. Gan uisce, bheadh an tír seo ina fásach cosúil leis an Sahára.

2 Deirtear go bhfuil cúrsaí aimsire ag athrú agus an domhan ag éirí te. Deir na heolaithe go mbeidh athruithe móra le feiceáil ar an aimsir agus ar na séasúir go luath. Bhí an samhradh an-fhliuch in Éirinn in 2007 agus in 2008, agus ní raibh samhradh na bliana seo caite ró-iontach ach oiread. Déantar dochar do gach duine nuair a bhíonn drochaimsir againn sa samhradh. Téann níos mó daoine as Éirinn ar laethanta saoire thar lear, rud nach gcabhraíonn le cúrsaí eacnamaíochta sa tír seo; scriosann báisteach throm an féar, an mhóin agus barra an fhómhair agus bíonn na feirmeoirí cráite míshásta.

3 Is iontach an rud é gur féidir leis an gcuid is mó de na daoine sa tír seo uisce glan fionnuar a fháil saor in aisce nuair a chasann siad an sconna sa teach. Agus tá an t-uisce thart orainn i ngach cuid dár saol. Nuair a thiteann an bháisteach, glanann sí an t-aer. Níonn sí na sráideanna agus na bóithre. Cabhraíonn sí leis an dúlra fás. Is breá le páistí óga súgradh i locháin uisce.

Seasann daoine ar dhroichid ag éisteacht le ceol an uisce. Ar an uisce a chaitheann bádóirí agus iascairí an t-am is pléisiúrtha dá saol. Is breá linn locháin agus fuaráin sa ghairdín.

4 Ach nuair a thiteann an iomarca báistí bíonn baol ann. Sin an rud a tharla in Éirinn in 2009. Bhí a lán de thalamh na hÉireann faoi uisce. Ó Bhaile Átha Luain go Luimneach bhí bóithre dúnta, agus feirmeacha agus tithe faoi uisce i rith mhí na Samhna agus mhí na Nollag anuraidh. Bhí ar dhaoine bogadh as a dtithe agus cónaí le cairde nó le gaolta. I gCorcaigh, bhris an Laoi amach thar a bruacha agus tharla scrios i gcuid mhór den chathair. Rinneadh damáiste don chóras pumpála agus ní raibh aon seirbhís uisce sna tithe. Uisce gach aon áit agus gan aon bhraon le hól! I gCeatharlach, tá eastát nua tithe ann a tógadh in áit ina mbíodh tuilte agus uisce go minic na blianta ó shin. Bhí na tithe sin faoi uisce freisin anuraidh. I nGaillimh, bhí an t-uisce salach dhá shamhradh ó shin agus bhí muintir na háite ag brath ar bhuidéil uisce. An iomarca uisce in áit amháin agus ganntanas in áit eile. Tá an baol ann go dtarlóidh sin níos minice sna blianta atá romhainn.

5 Tá gá le pleanáil don todhchaí. Ní mór na rialacha maidir le tógáil tithe a chur i bhfeidhm go docht. Caithfimid píopaí uisce na tíre a dheisiú; tá suas le 30% den uisce iontu ag dul amú. Caithfimid tosú ar uisce a stóráil i mbairillí nuair a thiteann sé ón spéir agus é a úsáid don níochán agus don leithreas. Cuirfidh an Rialtas méadar uisce i ngach teach go luath. Is ansin, b'fhéidir, a thuigfimid an luach atá ar an uisce. Smaoinigh ar an seanfhocal: Ní aireoidh tú uait an t-uisce nó go dtriomóidh an tobar.

Ceisteanna

1 (a) Luaigh grúpa **amháin** daoine a chuireann spéis san aimsir. *(Alt 1)*
(b) Cén toradh a bheadh ar aimsir thirim a leanfadh ar feadh i bhfad? *(Alt 1)* (10 marc)

2 (a) Luaigh rud **amháin** a thaispeánann go bhfuil an aimsir ag athrú. *(Alt 2)*
(b) Cén dochar a dhéanann drochaimsir sa samhradh in Éirinn? *(Alt 2)* (10 marc)

3 (a) Luaigh rud maith **amháin** a dhéanann an bháisteach. *(Alt 3)*
(b) Is maith le daoine uisce. Tabhair sampla *amháin*. *(Alt 3)* (10 marc)

4 Luaigh **dhá** dhrochrud a bhain leis an aimsir in Éirinn in 2009. *(Alt 4)* (10 marc)

5 Luaigh **dhá** athrú a chaithfimid a dhéanamh sna blianta atá ag teacht. *(Alt 5)* (10 marc)

Craoladh digiteach – todhchaí an raidió Gaeilge?

1 Tá eolas ag pobal na Gaeilge ar Raidió na Gaeltachta a bhíonn ag craoladh ar fud na tíre ar fad. Tá Raidió na Life ar fáil i mBaile Átha Cliath agus Raidió Fáilte i mBéal Feirste. I rith mhí an Mhárta anuraidh bhí stáisiún nua Gaeilge don aos óg ag craoladh den chéad uair ar fud na gceithre chathair is mó i bPoblacht na hÉireann: Baile Átha Cliath, Corcaigh, Gaillimh agus Luimneach. Raidió Rí-Rá an t-ainm a bhí ar an stáisiún raidió nua agus ba chomhthionscadal é idir Conradh na Gaeilge agus an comhlacht *Digital Audio Productions*. Bhí sé ar fáil ar feadh bliana roimhe sin ach ar an ngréasán domhanda amháin a bhí sé ar fáil.

2 Fuair an raidió seo ceadúnas sealadach ó Choimisiún Craolacháin Éireann le dul ar na haerthonnta FM i gcathracha móra na hÉireann le linn Sheachtain na Gaeilge. Popcheol agus ceol as na cairteacha, as Béarla agus as Gaeilge, a bhí le cloisteáil ar an stáisiún. Ní raibh mórán difríochta idir an stáisiún nua seo agus stáisiúin eile ar nós Today FM nó Spin 103.8 nó RTÉ 2FM ach amháin gur Gaeilge ar fad a bhí in úsáid ag na láithreoirí óga beoga.

3 Ba iad Scott de Buitléir agus Aoife Ní Ghlaicín-Riain a chuir i láthair an clár "Nocht ag a hOcht" a bhíodh á chraoladh ar maidin ag an deireadh seachtaine. Bhain siad sult agus spraoi as agus ba bhreá leo é a chur i láthair arís am éigin. Toisc an clár seo a bheith ar siúl ar an Satharn agus ar an Domhnach bhí seans ag daoine óga éisteacht leis agus taitneamh a bhaint as mar ní raibh orthu brostú amach ar scoil.

4 Ach anois agus Rí-Rá imithe ón aer, céard atá ar fáil do Ghaeilgeoirí óga? Tháinig an-chuid teachtaireachtaí chuig Raidió Rí-Rá ó éisteoirí a bhfuil cónaí orthu in áiteanna mar Shasana, an Astráil agus na Stáit Aontaithe. Is léir, mar sin, go raibh daoine ag éisteacht leis an tseirbhís seo ar líne. Níl an raidió ar an idirlíon chomh coitianta in Éirinn agus atá sé i dtíortha mar Mheiriceá ach is cinnte go dtiocfaidh athrú air sin. Tá seantaithí faoin am seo ag an-chuid daoine óga ar an idirlíon. Is cinnte, mar sin, go mbeadh a lán daoine óga sásta éisteacht le stáisiún raidió Gaeilge ar líne.

5 Tá thart ar sé stáisiún dhigiteacha ag RTÉ anois, ach is annamh a bhíonn an Ghaeilge le cloisteáil ar na stáisiúin sin. Dá ndéanfaí an phleanáil cheart, bheadh Raidió Rí-Rá in ann lucht éisteachta a mhealladh i ndomhan an raidió dhigitigh. Beidh stáisiúin ar nós Spin 103.8, Dublin 98 FM agus Today FM le fáil ar an gcóras ardchaighdeáin digiteach go luath. Bheadh raidió Gaeilge don aos óg in ann dul in iomaíocht leis na stáisiúin sin ach spás a fháil ar an gcóras. Caithfear gníomhú go gasta chun an deis sin a thapú, áfach, agus caithfidh an toil pholaitiúil a bheith ann chun tacú leis an tionscadal. D'éirigh go han-mhaith leis an raidió digiteach sa Bhreatain le blianta beaga anuas. Má éiríonn chomh maith céanna leis anseo, beidh an raidió digiteach ag dul ó neart go neart in Éirinn taobh istigh de chúpla bliain. Seo seans don raidió Gaeilge.

Ceisteanna

1 Cá raibh Raidió Rí-Rá á chraoladh roimh thús mhí an Mhárta seo caite? *(Alt 1)* (10 marc)

2 Cén difríocht a bhí idir Raidió Rí-Rá agus stáisiúin ar nós Today FM, Spin 103.8 nó RTÉ 2FM? *(Alt 2)* (10 marc)

3 Cén fáth a raibh seans ag daoine óga taitneamh a bhaint as an gclár "Nocht ag a hOcht"? *(Alt 3)* (10 marc)

4 Luaigh na tíortha lasmuigh d'Éirinn ina raibh éisteoirí ag Raidió Rí-Rá. *(Alt 4)* (10 marc)

5 (a) Cén stáisiún raidió in Éirinn atá ag craoladh ar an gcóras digiteach anois?

(b) Cad a tharlóidh má éiríonn go maith leis an gcóras digiteach in Éirinn? *(Alt 5)* (10 marc)

2009

Carrie Crowley: Bean spéisiúil as Port Láirge

1 Rugadh agus tógadh Carrie Crowley i bPort Láirge. Ba mhúinteoir a máthair a rugadh sna Rosa i dTír Chonaill. Ba gharda a hathair agus rugadh eisean i gCorcaigh. Fuair a tuismitheoirí poist i bPort Láirge agus chuir siad fúthu sa chathair sin. Rinne a tuismitheoirí gach iarracht saol taitneamhach síochánta a thabhairt don teaghlach. Bhí saol sona sásta ag Carrie agus í ag fás aníos.

2 Chuir Carrie suim sa Ghaeilge ar dtús agus í sa bhunscoil i bPort Láirge. Rinne sí cúrsa Gaeilge i Ros Muc i gConamara sa bhliain 1974. An bhliain ina dhiaidh sin chaith sí trí mhí sa cheantar céanna ar chúrsa Ghael-Linn. B'aoibhinn léi Ros Muc nuair a bhí sí ann. Parthas a bhí ann dar léi, neamh

ar talamh. Thug sí cuairt ar an áit arís nuair a bhí sí sé bliana is fiche d'aois. An t-am seo ní raibh sí ábalta a chreidiúint go raibh an áit chomh beag agus chomh ciúin sin. Áit an-speisialta a bhí ann di agus í óg.

3 Chaith Carrie trí bliana i gColáiste Phádraig Dhroim Conrach i mBaile Átha Cliath, coláiste oideachais do mhúinteoirí bunscoile. Cheap sí go raibh an coláiste sin an-chosúil leis an scoil a bhí díreach fágtha aici. Bhí smacht dian ann agus ní raibh mórán saoirse aici. Bhain sí sult as an tréimhse a chaith sí ann, áfach. Oideachas leathan a cuireadh ar fáil ann agus ní raibh an cúrsa dírithe ar aon ábhar amháin. Tar éis di céim a bhaint amach san Oideachas i 1985 fuair sí post mar mhúinteoir bunscoile sa Dún Mór i bPort Láirge. Thaitin an obair go mór léi, ag múineadh cailíní bunscoile amuigh in áit chiúin faoin tuath. Tar éis trí bliana a chaitheamh ansin d'éirigh sí as a post agus chuaigh sí ag obair in pizzeria.

4 Tar éis di a bheith ag obair sa bhialann chaith Carrie tamall i mbun aisteoireachta leis an gCompántas Red Kettle i bPort Láirge. Ina dhiaidh sin chaith sí trí bliana ag canadh leis an mbanna ceoil Miss Brown to You. Bhíodh an banna seo le feiceáil ar RTÉ agus thug siad ceolchoirmeacha ar fud na tíre chomh maith. Bhí Carrie an-ghnóthach ar an raidió áitiúil i bPort Láirge freisin. Ag obair mar láithreoir agus ag cur cláir bhricfeasta, cláir ealaíon, agus cláir chúrsaí reatha i láthair a bhíodh sí. Shocraigh sí tar éis tamaill filleadh ar Bhaile Átha Cliath.

5 Tairgeadh post di in RTÉ ar an gclár *Echo Island*. Ní raibh sí ach bliain ansin nuair a tháinig sí os comhair an domhain mhóir. Roghnaíodh í féin agus Ronan Keating mar chomhláithreoirí ar an gcomórtas Amhránaíochta Eoraifíse i 1997. D'éirigh thar barr leo san obair thábhachtach seo, rud a chabhraigh le Carrie ina saol proifisiúnta. Chuir sí cláir éagsúla eile i láthair ina dhiaidh sin, *Pulse* agus *Pot Luck* ar RTÉ, agus *Turas Anama* ar TG4. Ba é an clár cainte *Limelight* an clár deireanach a chuir sí i láthair sular éirigh sí as an obair theilifíse. Tá sí tar éis díriú isteach i gceart ar an aisteoireacht le blianta beaga anuas. Is liosta le háireamh iad na drámaí agus na scannáin ar ghlac sí páirt iontu. Tá Carrie sásta lena saol agus is beag rud a d'athródh sí, fiú dá mbeadh an seans aici.

[*Bunaithe ar alt le hÉamonn Ó Dónaill ar an iris idirlín www.beo.ie*]

Ceisteanna

1 Cad iad na poist a bhí ag athair agus ag máthair Charrie Crowley. *(Alt 1)* (10 marc)

2 Cé mhéad ama a chaith sí i Ros Muc sa bhliain 1975? *(Alt 2)* (10 marc)

3 Cén saghas oideachais a cuireadh ar fáil i gColáiste Phádraig nuair a bhí sí ann? *(Alt 3)* (10 marc)

4 Luaigh **dhá** shaghas oibre a rinne Carrie tar éis di éirí as a post mar mhúinteoir. *(Alt 4)* (10 marc)

5 Cén rud spéisiúil a tharla di in RTÉ sa bhliain 1997? *(Alt 5)* (10 marc)

Des Bishop: Fear grinn agus gaeilgeoir

1 Rugadh Des Bishop i Nua-Eabhrac i Meiriceá sa bhliain 1976. Bhí gaolta aige ina gcónaí in Éirinn. Nuair a bhí sé ina dhéagóir bhí deacrachtaí aige ar scoil. Ní raibh sé sona ann. Dúirt sé lena thuismitheoirí gur mhaith leis teacht go hÉirinn chun a chuid oideachais a chríochnú sa tír seo. Phléigh siad an scéal agus shocraigh siad go rachadh Des ar scoil in Éirinn.

2 Ní raibh Des ach ceithre bliana déag d'aois nuair a cuireadh go scoil chónaithe i Loch Garman é. Tar éis dó a chuid meánscolaíochta a chríochnú chuaigh sé go Coláiste na hOllscoile, Corcaigh. Rinne sé céim sa Bhéarla agus sa Stair. Bhí an-suim aige sa drámaíocht nuair a bhí sé ar an ollscoil. Bhí sé an-ghníomhach i gcumann drámaíochta na hollscoile. Ina dhiaidh sin thosaigh sé ag freastal ar chlub coiméide go rialta agus cheap an fear a bhí i mbun an chlub go mbeadh Des go maith ag an gcoiméide. Rinne Des a chéad *gig* sa chlub sin.

3 Sula i bhfad bhí lucht leanúna díograiseach ag gach *gig* a rinne Des Bishop. Sa bhliain 2000 bhí sé mar chaptaen foirne ar an gclár *Don't Feed*

the Gondolas ar RTÉ. Bhí aird an phobail ar Des anois ach ní raibh sé sásta mar níor thaitin cláir phainéil leis riamh. Nuair a bhí sé ag obair ar an gclár sin d'éirigh sé tinn. Bhí ailse air. Níor theastaigh uaidh go mbeadh eolas ag gach duine faoina thinneas ach foilsíodh an scéal ar an gcéad leathanach de nuachtán laethúil. Toisc go raibh an scéal i mbéal an phobail bhí Des sásta cabhrú le Cumann Ailse na hÉireann. Tugann sé cainteanna anois faoi ailse na bhfear.

4 Tá ainm in airde ar Des anois de bharr na sraitheanna teilifíse inar ghlac sé páirt – *Des Bishop Work Experience*, *Joy in the Hood* agus go mór mór *In the Name of the Fada*. Sa tsraith *Work Experience* bhí ar Des maireachtáil ar phá an-bheag agus é ag obair i siopaí agus i mbialanna éagsúla. Fuair sé léargas ar na deacrachtaí a bhíonn le fulaingt ag daoine a bhíonn ag iarraidh maireachtáil ar bheagán airgid. Sa tsraith *In the Name of the Fada* chónaigh sé i dTír an Fhia, Leitir Móir, i nGaeltacht Chonamara agus thosaigh sé ag déanamh dianstaidéir ar an nGaeilge.

5 Ní raibh air an Ghaeilge a fhoghlaim ar scoil mar nár tháinig sé go hÉirinn go dtí go raibh sé ceithre bliana déag d'aois ach bhí suim aige sa Ghaeilge riamh. D'éirigh go breá leis ar feadh na bliana a chaith sé i gConamara. Tá stór focal breá leathan aige anois agus ó thaobh na bhfuaimeanna de – is geall le fear as Conamara anois é agus focail mar "bheadh" agus "cén chaoi" á rá aige. Tá sé líofa go leor sa teanga anois le *gig* a dhéanamh trí mheán na Gaeilge os comhair lucht féachana a labhraíonn an Ghaeilge go rialta agus go líofa. Tá Des Bishop tar éis a léiriú gur féidir le duine Gaeilge a fhoghlaim taobh istigh de thréimhse ghearr má dhíríonn sé a aird i gceart ar a thasc.

[*Bunaithe ar alt le Caoimhe Ní Laighin ar an iris idirlín www.beo.ie*]

Ceisteanna

1 (a) Cén áit ar rugadh Des Bishop? *(Alt 1)*
(b) Cén fáth ar tháinig sé go hÉirinn chun a chuid oideachais a chríochnú? *(Alt 1)* (10 marc)

2 Luaigh an **dá** ábhar a rinne Des sa chéim i gColáiste na hOllscoile, Corcaigh. *(Alt 2)* (10 marc)

3 (a) Cén galar a bhuail Des Bishop? *(Alt 3)*
(b) Cén obair a dhéanann Des do Chumann Ailse na hÉireann? *(Alt 3)* (10 marc)

4 Cár chónaigh sé nuair a thosaigh sé ag déanamh dianstaidéir ar an nGaeilge? *(Alt 4)* (10 marc)

5 Cad atá léirithe ag Des Bishop? *(Alt 5)* (10 marc)

2008

Bean spéisiúil ón bPolainn

1 Tá 100,000 Polannach ina gcónaí i mbailte agus i gcathracha ó cheann ceann na hÉireann. An duine is mó aithne as an slua sin ar fad ná Izabela Chydzicka. Tá cáil bainte amach aici sa tír seo laistigh de sheacht mbliana ó tháinig sí anseo ón bPolainn. Tá clár teilifíse sa Pholainnis á chur i láthair aici ar City Channel i mBaile Átha Cliath ón mbliain 2005, agus bhí sí mar aoi speisialta ar 'Questions and Answers', 'The View' agus 'The Late Late Show' ar RTÉ, agus ar chláir eile nach iad. Is mór an rud é seo ag bean óg nach bhfuil ach 27 mbliana d'aois, agus nach bhfuil aici ach Béarla briste.

2 Ní hé an clár teilifíse an t-aon phost amháin atá aici. Tá post aici ó lár 2007 amach le metoo.ie i bPáirc Ghnó East Point in aice le Cluain Tarbh i dtuaisceart Chathair Bhaile Átha Cliath. Is suíomh gréasáin é metoo.ie do Pholannaigh atá ina gcónaí in Éirinn. Bíonn poist á bhfógairt ar an suíomh, agus bíonn nuacht ón bPolainn le léamh air. Bíonn fóram ar an suíomh freisin a thugann deis do Pholannaigh ceisteanna éagsúla a phlé lena chéile.

3 Rugadh Izabela sa bhliain 1980 in Zabkowice Slaskie, baile beag i ndeisceart na Polainne. Bhí saol crua aici féin agus ag a teaghlach agus í óg ach bhí gaolta acu sa Ghearmáin a chuir bronntanais chucu ó am go ham. Theastaigh uaithi post maith a fháil. Nuair a bhí an *matura* déanta aici (scrúdú cosúil leis an Ardteistiméireacht) chuaigh sí ag obair le banc Éireannach sa Pholainn. Thosaigh sí ag déanamh staidéir ar an dlí go páirtaimseartha ag an am céanna. Bhí sí sásta a bheith ag obair sa bhanc agus ní raibh sé i gceist aici a tír dhúchais a fhágáil. Le himeacht aimsire, áfach, bhuail sí le daoine as Éirinn, fuair sí eolas faoin tír, agus shocraigh sí teacht anseo.

4 Tháinig sí go hÉirinn i mí Mheán Fómhair 2001. D'fhill sí ar an bPolainn don Nollaig an bhliain sin ach tar éis seachtaine sa bhaile bhí cumha uirthi i ndiaidh na hÉireann. Bhí sí ag iarraidh filleadh ar Bhaile Átha Cliath. Nuair a d'fhill sí thosaigh sí ag freastal ar ranganna Béarla. Fuair sí post mar rúnaí i gcoláiste Béarla agus sa tslí sin chuir sí aithne ar dhaoine ó thíortha éagsúla a bhí tar éis teacht go hÉirinn.

5 Fostaíodh í mar fhreastalaí i dteach tábhairne agus i gclub oíche i lár Bhaile Átha Cliath ach níor thaitin an obair léi. D'éirigh sí as tar éis na chéad oíche! Ach d'aithin an t-úinéir gur oibrí an-mhaith a bhí inti agus thug sé post di mar bhainisteoir fógraíochta ar na tithe tábhairne ar fad atá aige. Chaith sí

dhá bhliain sa phost sin agus d'éirigh thar barr léi. Chuaigh sí ag obair ar an gclár teilifíse ina dhiaidh sin.

6 Ní rómhaith a thaitníonn aimsir na hÉireann léi. Ach tá a lán cairde aici anseo, tá post maith aici agus árasán deas. Níl sí réidh le dul abhaile go fóill.

[*Bunaithe ar alt le hAlan Desmond ar an iris idirlín www.beo.ie*]

Ceisteanna

1 Luaigh **dhá** chlár teilifíse a raibh Izabela mar aoi orthu. *(Alt 1)* (10 marc)

2 Ainmnigh **dhá** rud a bhíonn ar an suíomh gréasáin *metoo.ie*. *(Alt 2)* (10 marc)

3 Cad a rinne sí go páirtaimseartha nuair a bhí sí ag obair sa bhanc? *(Alt 3)* (10 marc)

4 Conas a mhothaigh sí nuair a d'fhill sí ar an bPolainn don Nollaig sa bhliain 2001? *(Alt 4)* (10 marc)

5 Conas a d'éirigh léi mar fhreastalaí sa teach tábhairne i mBaile Átha Cliath? *(Alt 5)* (10 marc)

Fear gnímh as fear manach

1 Fear gnímh é Peadar Ó Cuinn, nó Peter Quinn mar is fearr aithne air, fear a bhfuil cuid mhór rudaí déanta aige ina shaol go dtí seo. Tá cáil air mar dhuine atá ábalta pleananna a dhéanamh agus rudaí a chur i gcrích. Is iontach an fear gnó é le fada an lá. Bhí baint lárnach aige le forbairt Pháirc an Chrócaigh do Chumann Lúthchleas Gael. Bhí sé ina bhall de Choimisiún na bParáidí i dTuaisceart Éireann. Anuraidh, sa bhliain 2007, ceapadh é ina Chathaoirleach ar TG4, an chéad Chathaoirleach ar an stáisiún ó fuair siad neamhspleáchas ó RTÉ.

2 Rugadh Peter sa Tigh Mór, baile beag i gContae Fhear Manach atá míle ón teorainn le Contae an Chabháin. Bhí ceathrar sa chlann, Peter, a dheartháir Seán, agus beirt deirfiúracha. Bhí Peter agus Seán an-tógtha leis an bpeil agus iad ag fás aníos. Níor bhac a n-athair le cluichí in aon chor; cur amú ama a bhí iontu dar leis. Bhí duine de na comharsana míshásta leis an athair lá amháin cionn is nach ndeachaigh sé lena chuid mac a fheiceáil ag imirt riamh. Chuaigh sé chuig an gcéad chluiche eile agus ón lá sin go dtí lá a bháis ceithre bliana ina dhiaidh sin níor chaill sé cluiche ar bith ina raibh a mhic ag imirt.

3 Bhí Peter an-éirimiúil nuair a bhí sé ar scoil. D'éirigh go han-mhaith leis sna scrúduithe agus chuaigh sé ar an ollscoil. Bhain sé céim amach sa Laidin agus san Eacnamaíocht in Ollscoil na Banríona i mBéal Feirste i 1964. Rinne sé Cuntasaíocht ina dhiaidh sin. Chaith sé tamall ag léachtóireacht in Ollscoil na Banríona agus rinne sé céim MBA ansin. Bhí post aige ar feadh tamaill leis an Manchester Business School. Ach ansin d'iarr a dheartháir Seán air dul ag obair leis siúd sa ghrúpa comhlachtaí atá aige, an Quinn Group. Tá baint lárnach ag Peter leis an ngrúpa ó shin i leith. Tá Seán ar an dara duine is saibhre in Éirinn inniu agus deir Peter gur fhoghlaim sé níos mó ó bheith ag obair lena dheartháir ná mar a d'fhoghlaim sé ó aon leabhar riamh.

4 Tá cónaí ar Pheter in Inis Ceithleann le breis agus fiche bliain anuas. Réitíonn sé go maith le gach dream sa phobal. Ní bhaineann sé le haon pháirtí polaitíochta cé go ndeir sé go bhfuil dearcadh náisiúnach aige ar chúrsaí reatha. Tá neart airgid aige anois agus cabhraíonn sé le grúpaí deonacha toisc gur cuimhin leis an uair nach raibh mórán airgid aige. Is í an fhealsúnacht atá aige gur chóir do dhaoine a n-éiríonn go maith leo sa saol cabhrú le daoine nach n-éiríonn chomh maith céanna leo.

5 Bhí iontas ar roinnt daoine nuair a ceapadh Peter ina Chathaoirleach ar TG4 ach tá taithí aige ar a bheith ag plé le cúrsaí teilifíse ón uair a bhí baint aige le Ciste Craoltóireachta Gaeilge an BBC sa tuaisceart. Tá go leor dúshlán roimh TG4 dar leis. Deir sé go gcaithfidh an fhoireann agus an bhainistíocht a bheith ag forbairt na seirbhísí i gcónaí. Caithfidh siad cláir mhaithe a dhéanamh leis an lucht féachana a choinneáil. Agus caithfear a bheith cinnte chomh maith go gcuirfidh an rialtas go leor airgid ar fáil don stáisiún.

[*Bunaithe ar alt le Caoimhe Ní Laighin ar an iris idirlín www.beo.ie*]

Ceisteanna

1 Cén post nua a fuair Peter Quinn in 2007? *(Alt 1)* (10 marc)

2 (a) Cén rud a raibh Peter agus Seán an-tógtha leis agus iad ag fás aníos?

(b) Cén dearcadh a bhí ag an athair ar na cluichí i dtosach? *(Alt 2)* (10 marc)

3 (a) Ainmnigh **dhá** ábhar a ndearna Peter staidéar orthu.

(b) Cén grúpa lena bhfuil sé ag obair anois? *(Alt 3)* (10 marc)

4 Cén fáth a gcabhraíonn Peter le grúpaí deonacha anois? *(Alt 4)* (10 marc)

5 Luaigh **dhá** dhúshlán atá roimh TG4, dar le Peter. *(Alt 5)* (10 marc)

2007

Spéirbhean eile ón Iarthar órga

1. Rugadh agus tógadh Aoife Ní Thuairisg in Indreabhán cúpla míle siar ón Spidéal. Fuair sí a cuid scolaíochta go háitiúil i Scoil Shailearna agus i gColáiste Cholm Cille, áit a ndearna sí an Ardteistiméireacht. Chuir sé iontas ar a muintir nár chuir sí isteach ar aon chúrsa coláiste ar chor ar bith. Rinne sí cúrsa ríomhaireachta agus cúrsa teilifíse, ach le fírinne, ní raibh tuairim ar bith aici céard a bhí sí ag iarraidh a dhéanamh.

2. An chéad rud a rinne sí tar éis na scoile ná gnó beag a thosú. Chuaigh sí thart ó áit go háit ag díol milseán le comhlachtaí nach raibh siopa in aice leo. Tharla go raibh láthair TG4 trasna an bhóthair óna teach féin. Ní raibh an stáisiún ar an aer go fóill ach bhí na fir oibre agus na bainisteoirí ann agus bhuail sí isteach chucu go minic. Theip ar a gnó tar éis bliana. Ach bhí toradh maith amháin air – bhí sí tar éis aithne a chur ar bhainisteoirí TG4. Thaitin siad go mór léi agus ba bhreá léi a bheith ag obair leo.

3. Thosaigh na bainisteoirí in TG4 ag iarraidh uirthi cúrsa traenála a dhéanamh don teilifís ach níor éist sí leo. Níor chreid sí go dtiocfadh an teilifís ar an aer go deo mar bhí go leor deacrachtaí le sárú acu. Ar Oíche Shamhna 1996 áfach, thosaigh an teilifís ag craoladh. Tugadh cuireadh eile di triail scáileáin a dhéanamh. Fuair sí post páirtaimsire sa stáisiún i dtosach ach níorbh fhada gur tairgeadh post lánaimseartha di. Tuigeann sí go raibh an t-ádh dearg uirthi an post sin a fháil. Bíonn an-éileamh anois ar phoist mar láithreoirí aon uair a fhógraíonn TG4 folúntas sa stáisiún. Ní raibh TG4 (nó Teilifís na Gaeilge mar a bhí uirthi ag an am) ábalta láithreoirí a fháil an t-am sin. Daoine a bhí ag múineadh nó ag obair trí mheán na Gaeilge, ní raibh siad sásta a bpost a thabhairt suas, agus dul ag obair le seirbhís nua a bhí fós lag go leor agus faoi ionsaí ag polaiteoirí áirithe. A mhalairt ar fad atá fíor inniu.

4. Thóg sé tamall ar Aoife a ceird a fhoghlaim agus deir sí go bhfuil na daoine óga atá ag tosú sa stáisiún inniu i bhfad níos aibí ná mar a bhí sise. Le himeacht aimsire fuair sí deis trialacha scáileáin a dhéanamh do chláir eile. Ba é "Féilte" an chéad chlár a chuir sí i láthair agus thaitin an obair go mór léi. Cúpla bliain ó shin thosaigh sí ar an gclár "Paisean Faisean" a chur i láthair.

Tá an lucht féachana an-tógtha leis an gclár seo agus tá TG4 an-sásta le méid an lucht féachana a fhaigheann sé.

5 Teastaíonn ó TG4 na láithreoirí atá acu a fhorbairt agus tugann siad deiseanna agus tacaíocht dá gcuid láithreoirí dul amach agus jab iontach a dhéanamh de pé clár a bhíonn ar siúl acu. Thar aon rud eile is breá le hAoife an éagsúlacht a bhaineann lena cuid oibre. Bíonn sí ag obair ar chlár mar "Ní Gaeilgeoir Mé" lá amháin, ag craoladh réamhaisnéis na haimsire nó ag déanamh obair leanúnachais an chéad lá eile, agus ansin an tríú lá ag obair ar script le haghaidh "Blaisíní".

[*Bunaithe ar alt ar an iris idirlín www.beo.ie*]

Ceisteanna

1 Luaigh **dhá** chúrsa a rinne Aoife tar éis di an Ardteistiméireacht a dhéanamh. *(Alt 1)* (10 marc)

2 Conas a d'éirigh lena gnó beag? Cén toradh maith a bhí ar an ngnó céanna? *(Alt 2)* (10 marc)

3 Cén bhliain a thosaigh TG4 ag craoladh? Cén saghas poist a fuair sí i dtosach? *(Alt 3)* (10 marc)

4 Conas atá ag éirí leis an gclár "Paisean Faisean"? Luaigh **dhá** phointe. *(Alt 4)* (10 marc)

5 Luaigh **dhá** shaghas oibre a bhíonn á dhéanamh ag Aoife in TG4. *(Alt 5)* (10 marc)

An tíogar agus an galfaire óg

1 Is beag duine sa tír seo nár chuala faoin ngalfaire cáiliúil Tiger Woods. Nuair a d'imir sé i gcomórtas Chorn Ryder an bhliain seo caite i gCo. Chill Dara bhí na sluaite daoine ina dhiaidh gach lá. An mbeadh na sluaite céanna ag faire ar Anneka Sorenstam dá mbeadh sí ag imirt sa tír seo? Is cinnte nach mbeadh, cé gurb í an galfaire is fearr i measc na mban faoi láthair í. Suimiúil go leor tá níos mó cainte faoi láthair faoin mbean óg atá sa dara háit i measc na mban, Michelle Wie. Níl sise ach seacht mbliana déag d'aois ach cheana féin tá clú agus cáil uirthi ar fud an domhain.

2 Rugadh Michelle Wie i Haváí i nDeireadh Fómhair 1989. Bhí Michelle níos sine ná Tiger nuair a thosaigh sí ag imirt gailf. Tá pictiúir ann de Tiger ag bualadh liathróid ghailf agus gan é ach dhá bhliain d'aois. Bhí Wie dhá bhliain níos sine ná sin nuair a thug sí faoin gcluiche den chéad uair. Bhí páirt mhór ag a n-aithreacha i saol gailf Tiger agus Wie. Ba iad a mhúin dóibh conas an cluiche a imirt agus a spreag iad chun feabhas a chur orthu féin.

3 Faoin am a bhí sí ocht mbliana d'aois bhí sí ag caitheamh a trí nó a ceathair d'uaireanta an chloig ar an ngalfchúrsa gach lá scoile agus a dhá oiread sin le linn an deireadh seachtaine agus le linn laethanta saoire. Nuair a bhí Michelle deich mbliana d'aois chuaigh sí timpeall galfchúrsa i 64 bhuille, rud a bheadh deacair go leor d'aon ghalfaire proifisiúnta atá ag imirt gailf inniu. Sa bhliain 2001 bhain sí curiarracht amach nuair ba í an bhean ab óige riamh í a d'imir i gcomórtas náisiúnta i Meiriceá. Níor bhuaigh sí an comórtas an bhliain sin ach bhí an bua aici sa chomórtas céanna trí bliana níos déanaí.

4 Sa bhliain 2005, nuair a bhí sí sé bliana déag d'aois, thosaigh Michelle ag imirt go proifisiúnta. Láithreach fuair sí breis is deich milliún dollar urraíochta ó chomhlachtaí spóirt agus teilifíse. Tá rud eile a tharla timpeall an ama sin a léiríonn nach duine santach í Michelle, áfach. Bhronn sí cúig chéad míle dollar ar na daoine bochta in New Orleans a chaill gach a raibh acu le linn Hairicín Katrina.

5 Is buntáiste mór di mar ghalfaire proifisiúnta go bhfuil sí sé troithe ar airde. Cabhraíonn sé sin léi nuair a bhíonn sí ag bualadh na liathróide. Ní bhíonn aon fhadhb aici an liathróid a bhualadh breis is trí chéad slat. Is cinnte go mbeadh seans an-mhaith aici dul in iomaíocht leis na fir. Chruthaigh sí é sin i mBealtaine na bliana 2006 nuair a d'éirigh thar barr léi i gcomórtas na bhfear sa Chóiré Theas. Suimiúil go leor, tugadh seacht gcéad míle dollar di as imirt sa chomórtas sin cé nach raibh ach cúig chéad míle dollar ar fáil don fhear a bhuaigh an chéad duais sa chomórtas céanna. Is léir go bhfuil todhchaí órga ag an mbean óg, todhchaí a d'fhéadfadh a bheith chomh hiontach le saol gailf Tiger.

[*Bunaithe ar alt sa nuachtán* Foinse]
[Foinse, *bí linn as www.foinse.ie*]
[*Tá* Foinse *saor in aisce leis an* Irish Independent *gach Céadaoin.*]

Ceisteanna

1. Cad a rinne Tiger Woods i gCo. Chill Dara an bhliain seo caite? *(Alt 1)* (10 marc)
2. Luaigh **difríocht amháin** agus **cosúlacht amháin** idir an tslí ar thosaigh Tiger Woods agus an tslí ar thosaigh Michelle Wie ag imirt gailf. *(Alt 2)* (10 marc)
3. Conas atá a fhios againn go raibh an-suim ag Michelle sa ghalf nuair a bhí sí óg? *(Alt 3)* (10 marc)
4. Cad a fuair Michelle nuair a thosaigh sí ag imirt gailf go proifisiúnta? *(Alt 4)* (10 marc)
5. Luaigh **dhá** rud a léiríonn gur galfaire an-mhaith í Michelle. *(Alt 5)* (10 marc)

Sample comprehension 1

Mícheál Mac Dáibhéid

1 Rugadh Mícheál Mac Dáibhéid i mbaile beag i gCo. Mhaigh Eo ar a dtugtar Sráid – Straide sa Bhéarla. Níl sé rófhada ó Bhéal Easa. Rugadh é ar an gcúigiú lá fichead de Mhárta, 1846. Bhí cúigear sa chlann. Bhí duine amháin níos sine ná é sa chlann sin. Nuair a bhí sé sé bliana d'aois, caitheadh a athair Máirtín agus a mháthair Caitríona amach as a dteach, ar thaobh an bhóthair. Bhí eachtraí mar sin an-chomónta ag an am sin. Thaistil Máirtín go Sasana ag iarraidh oibre agus shocraigh sé síos i Lancashire. In 1854 d'imigh a bhean chéile agus an chlann anonn go Sasana, go baile mór Haslingden.

2 D'fhás Mícheál aníos mar chainteoir Gaeilge. Mhúin sé Gaeilge agus ceol Gaelach. In 1856 thosaigh sé ag obair i muileann cadáis ach chaill sé cuid den láimh dheas i dtimpiste. Chaith sé cúpla bliain ar scoil sular thosaigh sé ag obair arís do chomhlucht clódóireachta. In 1865 bhí suim aige sa pholaitíocht agus thosaigh sé ag obair leis an IRB agus níos déanaí leis na Fíníní i Sasana agus in Albain. Gabhadh é i Londain in 1870 agus chaith sé seacht mbliana i bpríosún. Tamall ina dhiaidh sin thaistil sé go forleathan sna Stáit Aontaithe ag iarraidh tacaíochta dá pholasaithe ó na hÉireannaigh ansin. An 'slogan' a bhí aige ná 'An Talamh do na Daoine' mar ag an am sin sa bhaile bhí an talamh ag na tiarnaí talún agus bhí na cíosanna an-ard. Ní raibh na daoine bochta ábalta iad a íoc agus chuile lá bhí díshealbhú ar siúl.

3 Tháinig Mícheál Mac Dáibhéid abhaile go hÉirinn in 1879. Bhí gorta sa tír an bhliain sin a bhí an-fhliuch ar fad. Bhí sé i láthair ag cruinniú i gClár Chlainne Mhuiris nuair a cuireadh plean le chéile do chruinniú

an-mhór sa Bhaile Gaelach – Irishtown – ag iarraidh cíosanna a laghdú. Tharla an cruinniú sin ar 20 Aibreán, 1879. Ghlac Séamus Ó Dálaigh, eagarthóir an *Connaught Telegraph* páirt an-mhór san eagraíocht. Ar an 16 Lúnasa, 1879, bunaíodh Conradh Talún Mhaigh Eo san óstán Imperial i gCaisleán an Bharraigh le tacaíocht Shéarlais S. Parnell. Ar 21 Deireadh Fómhair, 1879, cuireadh Conradh Náisiúnta na Talún le chéile i mBaile Átha Cliath le Parnell mar Uachtarán agus Mac Dáibhéid mar dhuine de na Rúnaithe.

4 Ón am sin go dtí 1882, bhí Cogadh na Talún faoi lánseol. Gladstone a bhí mar Phríomh-Aire i Sasana ansin. Ní raibh sé róshásta leis an scéal in Éirinn i dtosach agus theastaigh uaidh an lámh láidir a úsáid. Níor éirigh leis sa phlean sin agus ar ball, ghéill sé, i slite. Gabhadh Mícheál in 1882 agus cuireadh i bpríosún é. Nuair a scaoileadh amach é, lean sé leis an obair, é anois ag labhairt amach ar son na ndaoine faoi chois, mar shampla, san Afraic Theas, sa Rúis, sa Bhreatain agus sa bhaile in Éirinn. Phós sé Máire Yore, cailín as Oaklands, California sa bhliain 1886 agus tháinig siad abhaile go hÉirinn in 1887. Bhí cúigear clainne acu – triúr buachaillí agus beirt chailíní. In 1892 toghadh é mar MP do Mhaigh Eo ach d'fhág sé an Commons in 1896.

5 Fuair Mícheál Mac Dáibhéid bás i mBaile Átha Cliath i Mí na Bealtaine 1906. Bhí sé seasca bliain d'aois ansin ach bhí an bua aige. Bhris sé cumhacht na dtiarnaí talún in Éirinn. Bhí an talamh ag na daoine agus bhí clú agus cáil buaite ag Mac Dáibhéid ar fud an domhain mar laoch na saoirse. Ag Comóradh Céad Bliain a bhreithe i 1946, bhí dhá mhíle dhéag i láthair i mbaile Sráide le hómós a thabhairt do mhac cailiúil Mhaigh Eo. Má thugann tú cuairt ar Shráid inniu, beidh seans agat dul isteach san Iarsmalann atá ansin agus cuimhní de thréimhse seo ár staire a mhúscailt athuair. Bhí ceiliúradh i 2006 céad bliain tar éis a bháis.

[Póilín Ní Náraigh]

Ceisteanna

1 Cén eachtra a tharla don chlann nuair a bhí Mícheál Mac Dáibhéid an-óg? (*Alt 1*)

2 Luaigh DHÁ fhadhb a bhí ag muintir na hÉireann ag an am seo. (*Alt 2*)

3 Breac síos DHÁ rud atá fíorthábhachtach a cuireadh ar bun in Éirinn in 1879. (*Alt 3*)

4 Scríobh síos cúpla abairt faoi phósadh agus faoi chlann an pholaiteora seo. (*Alt 4*)

5 Pioc amach DHÁ thoradh ar a shaothar a thaitin le muintir na hÉireann. (*Alt 5*)

(10 marc)

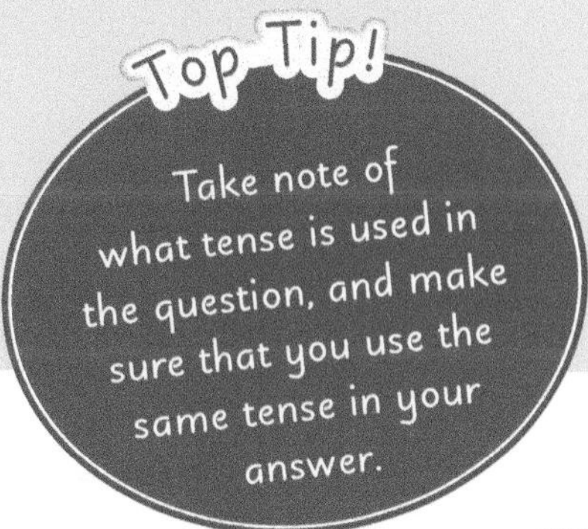

Sample comprehension 2

Comhaltas Ceoltóirí Éireann

1 I Mí Eanáir, 1951, chuaigh baill de Chlub na bPíobairí i Sráid Thomáis, Baile Átha Cliath go Muileann gCearr, Co. na hIarmhí agus bhí cruinniú acu ansin le daoine a raibh suim an-láidir acu i gceol traidisiúnta na hÉireann. Bhí siad ag smaoineamh ar eagraíocht a bhunú agus fleadh a eagrú ar mhaithe leis an gceol. Bhí cruinniú eile acu i Mí Feabhra agus shocraigh siad go mbeadh Fleadh Cheoil i Muileann gCearr i Mí na Bealtaine. Ní raibh slua an-mhór i láthair an bhliain sin ach d'fhás an Fhleadh agus i gceann gcúig de bhlianta Féile Náisiúnta a bhí inti.

2 I Mí Dheireadh Fómhair, 1951, cuireadh an chéad Choiste de Chumann Ceoltóirí na hÉireann le chéile ag Áras Ceannt, Sráid Thomáis, Baile Átha Cliath. Ag cruinniú i Halla Naomh Mhuire, Muileann gCearr in Eanáir 1952 rinneadh athrú i dteideal an Chumainn. Ón lá sin amach, an teideal a bhí air ná Comhaltas Ceoltóirí Éireann. Cuireadh brainsí ar bun, ar fud na tíre. As an obair a rinne siad, tháinig ranganna, ceolchoirmeacha, seisiúin, fleadhanna sna contaethe agus sna cúigí. Níos déanaí ansin tháinig an Fhleadh Nua, an Tionól Ceoil, an Seisiún agus an Scoil Éigse. Tríd na blianta tháinig fás is forbairt ar an bhFleadh agus ar an gComhaltas, sa bhaile is i gcéin.

3 Má thugann tú cuairt ar Bhaile Átha Cliath faigh am le cuairt a thabhairt ar Chultúrlann na hÉireann atá mar bhaile don Chomhaltas, ionad le háiseanna iontacha. Osclaíodh í sa bhliain 1976. Má chónaíonn tú i ndeisceart na tíre beidh seans agat cuairt a thabhairt ar amharclann ar a dtugtar Brú Ború in aice le Carraig Chaisil i gCo. Thiobraid Árann. Déanann an Grúpa ansin a lán do cheol traidisiúnta, amhránaíocht agus rince, sa bhaile agus thar lear freisin.

4 Thosaigh baill den Chomhaltas ag taisteal thar lear sa bhliain 1972 le ceolchoirmeacha a chur ar fáil i dtíortha éagsúla. Rinne siad an chéad turas go dtí na Stáit Aontaithe. Rinne siad turas go Sasana i 1973 agus turas ar fud na hÉireann i 1980. Téann grúpaí go dtí an Astráil, an tSín, an tSeapáin, Ceanada, Stát Oman agus áiteanna eile go rialta. Cabhraíonn an ceol le cultúir dhifriúla a thabhairt le chéile agus is maith an teagmháil sin mar go gcothaíonn sé síocháin eatarthu.

5 Cuireann an Comhaltas an-bhéim ar oideachas a bhaineann le healaíona na tíre seo. Is féidir freastal ar ranganna agus ar chúrsaí. Bíonn seans ag a lán scrúduithe éagsúla a dhéanamh agus cáilíochtaí a bhaint amach dá bharr. Is iontach an méid ceoil agus amhrán atá bailithe ag Comhaltas tríd na blianta agus tá an bailiúchán sin ag méadú an t-am ar fad. Foinse an-tábhachtach is ea é do mhic léinn agus eile a bhíonn ag staidéar. Tá an cnuasach seo le fáil sa Chultúrlann. Séamus Mac Mathúna, an Timire Ceoil, a bhailigh an chuid is mó de. Tá cnuasach eile le fáil in Inis, Co. an Chláir.

[Póilín Ní Náraigh]

Ceisteanna

1 Luaigh DHÁ chruinniú a tharla i 1951 a bhfuil tagairt déanta dóibh. (*Alt 1*)

2 Cén toradh a bhí ar an obair a rinne na brainsí tar éis iad a bhunú? (*Alt 2*)

3 Ainmnigh DHÁ ionad in Éirinn atá tábhachtach don cheol traidisiúnta. (*Alt 3*)

4 Tabhair buntáiste amháin a bhaineann le turais an Chomhaltais thar lear. (*Alt 4*)

5 Luaigh DHÁ áit sa tír ina bhfuil cnuasacha ceoil is amhrán le fáil anois. (*Alt 5*)

Sample comprehension 3

Cumann Lúthchleas Gael

1 Bunaíodh Cumann Lúthchleas Gael ar an gcéad lá de Mhí na Samhna, 1884. Tharla sin nuair a tháinig grúpa fear le chéile ag cruinniú i seomra in óstán Uí Aodha i nDúrlas Éile, Co. Thiobraid Árann. Ina measc bhí Mícheál Ó Cíosóig agus Muiris Ó Daibhín. Bhí cruinniú i mBaile Locha Riach i gCo. na Gaillimhe. I láthair ag an gcruinniú sin bhí Mícheál Ó Cíosóig agus an tEaspag Ó Dúgáin ó dheoise Chluain Fearta. Mhol sé mar phatrún don Chumann, an tArdeaspag Cróc ó ard-deoise Chaisil. Bhí cruinniú eile an-tábhachtach in óstán Victoria i gCorcaigh i Mí na Nollag, 1884.

2 Cuireadh rialacha le chéile don pheil agus don iománaíocht in 1885. Sa bhliain 1886 bunaíodh Coistí Contaetha agus chabhraigh siad le heagraíocht Chraobh na hÉireann. Thosaigh na comórtais sa bhliain 1887. Diaidh ar ndiaidh, tháinig fás agus forbairt ar an gCumann ach de réir mar

a shleamhnaigh na blianta thart, bhí an saol in Éirinn corraithe go mór. Tharla Éirí Amach na Cásca i 1916 agus i 1920 bhí trioblóid i bPáirc an Chrócaigh Domhnach amháin nuair a bhí Tiobraid Árann agus Baile Átha Cliath ag imirt. Ba é sin Domhnach na Fola.

3 I 1925 chuir an Cumann airgead ar fáil ar fud na tíre d'fhorbairt na bpáirceanna agus áiseanna éagsúla agus leanann an scéim sin go dtí an lá atá inniu ann. Cabhraíonn an t-airgead go mór le clubanna beaga agus tagann fás as sin, go rialta. Imríonn na scoileanna ar fud na tíre páirt an-mhór freisin trí chomórtais. Go minic tagann na himreoirí is fearr ó na scoileanna agus na coláistí. Chomh maith leis na cluichí, cothaíonn Cumann Lúthchleas Gael cultúr agus oidhreacht na tíre. Gné shuimiúil den Chumann anois i ea an chamógaíocht agus cluichí na mban.

4 Cheannaigh Cumann Lúthchleas Gael an talamh ar a bhfuil Páirc an Chrócaigh inniu sa bhliain 1913 ó Phroinsias Ó Duinnín. Ceithre acra déag a bhí sa láithreán. Sin an t-am a chuir siad an t-ainm 'Páirc an Chrócaigh' ar an áit, in onóir don chéad phátrún, an tArdeaspag Cróc ó Chaiseal. Ón am sin, bhí forbairt agus athfhorbairt ar siúl de réir mar a bhí airgead ar fáil agus d'oscail Páirc an Chrócaigh nua sa bhliain 2002. Rinneadh an obair diaidh ar ndiaidh. Is iontach na háiseanna atá ansin anois.

5 Tríd na blianta d'imir fathaigh, mar a déarfá, ar an bhfód san áit sin, cuid acu, peileadóirí, cuid eile, iománaithe. Tá a n-ainmneacha i mbéal an phobail agus ní dhéanfaidh siad dearmad go deo orthu. Ní féidir an liosta iomlán a thabhairt anseo ach tóg mar shampla: Críostóir Ó Rinn, Pádraig Cearnaigh, Seán Puirséal, Mícheál Ó Conaill, Seán Ó Sé, agus na sluaite eile ó cheann ceann na tíre. I measc phátrúin an Chumainn bhí daoine cáiliúla cosúil le Mícheál Mac Dáibhéid a bhunaigh Conradh na Talún sa bhliain 1879, Séarlas S. Parnell agus Liam Ó Briain a bhí mar phátrún in 1886.

[Póilín Ní Náraigh]

Ceisteanna

1. Breac síos:
   (a) An áit sa tír inar bunaíodh Cumann Lúthchleas Gael.
   (b) Ainm an duine a bhí mar chéad phátrún ag an gCumann. (*Alt 1*)
2. Cé a bhí ag imirt peile Domhnach na Fola i bPáirc an Chrócaigh? (*Alt 2*)
3. Luaigh DHÁ rud a dhéanann Cumann Lúthchleas Gael ar leas na tíre. (*Alt 3*)
4. Cén fáth ar thug siad 'Páirc an Chrócaigh' mar ainm ar an áit i 1913? (*Alt 4*)
5. Ainmnigh pátrún an Chumainn ón Stair agus imreoir den chéad scoth. (*Alt 5*)

Sample comprehension 4

Taibhdhearc na Gaillimhe

1. Nuair a bhí Earnán de Blaghd ina Aire Airgeadais sa bhliain 1927, bhí suim an-láidir aige in amharclann mar ionad drámaíochta na Gaeilge i nGaillimh. Sin an fáth ar imigh an Dr Séamus Ó Broin go Baile Átha Cliath ag lorg tacaíochta ón Aire d'amharclann lán-Ghaeilge. Fuair sé sé chéad punt agus sin an chaoi ar tháinig an Taibhdhearc ar an saol i 1928. Thosaigh an tionscnamh i seanhalla leis na Bráithre Aguistín sa tSráid Láir. Cad is ciall leis an bhfocal 'Taibhdhearc'? Seanfhocal Gaeilge is ea an focal, cumtha as meascán de 'taibhsiúil' agus 'dearc'. An chiall atá leis ná radharc nó áit dhraíochtach.
2. Amharclann Náisiúnta na Gaeilge is ea Taibhdhearc na Gaillimhe. Léirítear cúig cinn de dhrámaí in aghaidh na bliana agus chomh maith leis sin taistilíonn na haisteoirí ar camchuairt ar fud na tíre le ceithre cinn de

na mórléirithe. Tugann sé sin seans do dhaoine féachaint ar dhrámaí as Gaeilge agus bíonn sé sin an-tábhachtach don aos óg mar go gcabhraíonn sé sin le cúrsaí oideachais. Sa bhliain 2003 tháinig na Crosáin ar an bhfód, sin Amharclann Óige na Taibhdheirce.

3 Nuair a bunaíodh an Taibhdhearc bhí sé deacair go leor aisteoirí a fháil mar gur rud nua é seo a bhí tagtha chuig cathair na Gaillimhe. Bhí fadhb eile ann freisin. Bhí sé deacair drámaí dúchasacha a fháil. Tharla gur tháinig Compántas Shakespeare go Gaillimh. Ba le Anew McMaster an Compántas sin. Bhí sé ag taisteal na tíre san am. *The Taming of the Shrew* an t-ainm a bhí ar an dráma a léirigh sé san amharclann. Bhí aisteoir amháin ar an ardán a bhí an-speisialta agus Mícheál MacLiammóir ab ea é. Bhí Gaeilge aige agus fostaíodh é mar an chéad Stiúrthóir Ealaíne. Bhí Pádraig Ó Conaire ag an seó an oíche sin.

4 Rinne MacLiammóir agus a chara, Hilton Edwards, sárobair ar son na hamharclainne i dtosach. Thug siad snas, draíocht agus caighdeán di agus chuir muintir na cathrach suim in ionad seo na healaíne. Socraíodh go gcuirfí leagan de *Dhiarmaid agus Gráinne* ar an stáitse le tús a chur leis an Taibhdhearc. Sin mar a tharla agus ghlac Mícheál MacLiammóir an phríomhpháirt, sé sin, Diarmaid. Ghlac amhránaí sean-nóis Máire Ní Scolaí páirt Ghráinne. Bhí ról beag ag an bhfear as Inis Mór, Árainn, Máirtín Ó Díreáin. Tharla an chéad léiriú ar an 27 Lúnasa, 1928.

5 Aisteoir mór le rá i stair na hamharclainne ab ea Siobhán Nic Cionnaith. Aisteoir amaitéarach ab ea í i dtosach ar ardán na Taibhdheirce ach níor stop an scéal ansin mar tar éis tamaill bhí sí ag obair mar aisteoir gairmiúil. Bhain sí clú agus cáil amach go mórmhór sa dráma a scríobh George Bernard Shaw ar a dtugtar *St Joan* – 'San Siobhán'. Rinne sí féin aistriúchán ar an obair sin. Sa lá atá inniu ann, bíonn drámaí gairmiúla ar chlár na hamharclainne agus is maith an nós sin. Ceapaim féin go bhfuil ról an-tábhachtach le himirt ag an Taibhdhearc anois agus sna blianta atá romhainn amach.

[Póilín Ní Náraigh]

Ceisteanna

1 Ainmnigh: (a) an tAire Airgeadais i 1927 agus (b) an duine a fuair na sé chéad punt. (*Alt 1*)

2 Luaigh DHÁ fhadhb a bhí ag an Taibhdhearc i dtosach. (*Alt 3*)

3 Cén t-ainm a bhí ar an gcéad dráma a cuireadh ar an stáitse san amharclann? (*Alt 4*)

4 Inis (a) cé a scríobh an dráma 'San Siobhán' agus (b) cé a rinne aistriúchán air. (*Alt 5*)

Sample comprehension 5

Ag fanacht fós le Godot

1. Is dócha gur chuala sibh go minic faoi dhuine ar a dtugtar Samuel Beckett. Úrscéalaí agus drámadóir cáiliúil ab ea é. Sna drámaí a scríobh sé bíonn tagairt iontu go minic d'fhulaingt an duine. Bíonn na carachtair ag cuardach míniú ar an saol i ndomhan nach bhfuil tada ann, dar leis. Rugadh é gar do Bhaile Átha Cliath i Mí Aibreáin 1906 i gclann Phrotastúnach a bhí réasúnta saibhir. Liam an t-ainm a bhí ar a athair. Suirbhéir ab ea é agus altra ab ea a mháthair sular phós sí. Fuair Samuel a chuid oideachais ag Scoil Ríoga Portora agus níos déanaí i gColáiste na Tríonóide, Baile Átha Cliath. Sa bhlian 1927, bhain sé amach céim BA. Rinne sé staidéar ar na teangacha – Fraincis agus Iodáilis.
2. Fuair Samuel post mar mhúinteoir i mBéal Feirste agus tar éis tamaill fuair sé post eile mar léachtoir sa Bhéarla ag École Normale Supérieure i bPáras. Ag an am seo d'éirigh sé an-cháirdiúil le Séamus Seóige. Rinne sé deachtú dó agus bhreac sé síos codanna den obair a tháinig amach i 1939 mar *Finnegans Wake*. Chomh maith leis sin, rinne sé aistriú ar chuid den leabhar céanna go Fraincis faoi threoir Shéamuis. I 1931 tháinig Samuel ar ais go Baile Átha Cliath agus sa bhliain sin bhain sé amach MA. Thosaigh sé ag múineadh Fraincise ansin i gColáiste na Tríonóide ach sa bhliain 1932 shocraigh sé go gcaithfeadh sé a chuid ama go léir ag scríobh. Bhí sé i Londain ó 1933 go dtí 1936. I 1938 bhuail sé leis an mac léinn Suzanne Dechevaux-Dumesnil a bhí ag déanamh staidéir ar an bpianó. Phós sé í sa bhliain 1961.

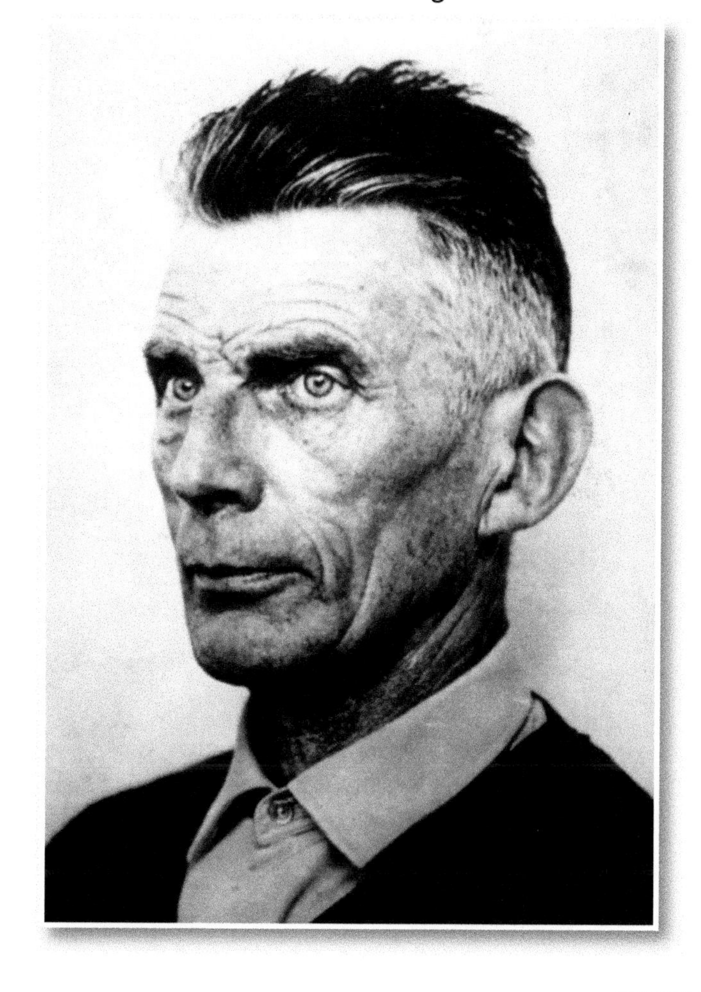

3 Thosaigh a shlíbheatha mar úrscéalaí sa bhliain 1938 le *Murphy* a bhí greannmhar go leor. Nuair a thosaigh an Dara Cogadh Domhanda, bhí Samuel i mBaile Átha Cliath ach d'imigh sé ar ais go Páras agus d'oibrigh sé do Resistance na Fraince. Bhí na Nazis ag iarraidh é a ghabháil ach chuaigh sé féin agus a chailín Suzanne i bhfolach i ndeisceart na Fraince sa bhaile Roussillon. Chaith siad dhá bhliain go leith ansin. Fad is a bhí sé san áit sin scríobh sé a dhara húrscéal ar a dtugtar *Watt* a foilsíodh sa bhliain 1953. Níor fhill sé ar Pháras go dtí 1947 agus ansin tháinig úrscéalta eile uaidh agus an dráma *En Attendant Godot* – 'Ag Fanacht le Godot' – sa bhliain 1949, a ghnóthaigh clú agus cáil dó ar fud an domhain. Foilsíodh sa Bhéarla é sa bhliain 1954.

4 Tháinig drámaí eile uaidh ina dhiaidh sin ina raibh féith an ghrinn, i slite áirithe. Is iontach an méid atá scríofa aige ach ní féidir iad a liostú sa spás atá anseo. Bhuaigh Beckett Duais Nobel sa Litríocht sa bhliain 1969 ach níor fhreastail sé ar an searmanas. B'fhéidir go raibh sé cúthaileach! Choinnigh sé go mór dó féin. Seans ann, freisin, go raibh fáth nó cúis níos doimhne i gceist. Ar aon nós, onóir an-mhór dó ab ea é, a mhair ina dhiaidh. Sna seascaidí scríobh sé don raidió, don amharclann agus don teilifís chomh maith.

5 Chaith Samuel an chuid is mo dá shaol sa Fhrainc. Chónaigh sé ar Rue St Jacques sa cheantar i bPáras ar a dtugtar Montparnasse. Sa chaifé ansin, bhuail sé lena chairde. D'ól sé espresso agus chaith sé toitíní a raibh tanaí go leor. Bhí suim aige sa spórt, mar shampla, cruicéad, leadóg agus sacar. D'fhéach sé ar na cluichí sin ar theilifiseán a bhí aige. Bhí teach aige faoin tuath, taobh amuigh de Pháras. Fuair a bhean chéile, Suzanne, bás sa bhlian 1989. Ag an am bhí sé ag scríobh agus lean sé ag scríobh go deireadh a shaoil. An leabhar deireanach a chuir sé le chéile ná *Stirrings Still* – 'Ag Corraí Fós'. Mhair sé in árasán an-simplí. Fuair sé bás in ospidéal i 1989.

[Póilín Ní Náraigh]

Ceisteanna

1 Inis: (a) conas a tharla go raibh clú agus cáil ar Samuel Beckett agus (b) cúpla rud faoin oideachas a fuair sé. (*Alt 1*)

2 Cén bhaint a bhí ag Beckett le Séamus Seóige? (*Alt 2*)

3 Conas a tharla go raibh air dul chuig deisceart na Fraince? (*Alt 3*)

4 Luaigh an onóir a fuair sé i 1969 agus an rud aisteach a bhain leis. (*Alt 4*)

5 Breac síos DHÁ rud a thaitin leis nuair a bhí am saor aige. (*Alt 5*)

Prós/Prose 7

Learning objectives

In this chapter you will learn about:

1. Useful phrases and vocabulary that relate specifically to the prose section of the exam
2. Advice and exam tips on how to approach prose questions
3. How to structure and write simple answers to prose questions

Exam guidelines

- The prose questions are on Paper 2 of the exam.
- Fifty (50) marks are allocated to the prose section.
- Two questions will be given and **both** must be answered – there is no choice.
- It is advisable to spend approximately **45 minutes** preparing and writing this question.

Exam techniques

- Spend five minutes studying your options before making a final choice.
- Read the questions carefully.
- Underline the key words in the question and try to piece together the meaning.
- Sketch out some ideas on the back of your exam answer book.
- When you have completed your answer, re-read it carefully to ensure that you have corrected any mistakes.
- Learn the adjectives in the box on the following page.

Top Tip!

Often students are required to describe characters that are developed in the course of a film or story. It is advisable to learn a broad range of descriptive words or adjectives. Look at the list on the next page.

Aidiachtaí le foghlaim/Adjectives to learn

Le Foghlaim

Féinlárnach	*Self-centered*
Leithleach	*Selfish*
Seobhaineach	*Chauvinist*
Lách	*Gentle*
Dea-chroíoch	*Good-hearted*
Creidiúnach	*Respectable*
Glic	*Sly*
Míchineálta	*Unkind*
Meata	*Cowardly*
Uaillmhianach	*Ambitious*
Cabhrach	*Helpful*
Dílis	*Loyal*
Bródúil	*Proud*
Tuisceanach	*Understanding*

Note the following terms that are often used in the exam:

Le Foghlaim

Saothar	*Work (text)*
Tabhair cuntas gairid	*Give a short account*
Pearsa	*Character*
Príomhphearsa	*Main character*
Cén sórt duine é nó í?	*What type of person is he/she?*
A chuaigh i bhfeidhm ort	*That affected you*
Roghnaigh	*Choose*
Déan cur síos ar	*Describe*

In discussing the prose stories/film you need to be able to do the following:

1. Give a summary of the story.
2. Write about the individual characters.
3. Write about the theme of the story.
4. Write about why you like or dislike a character.

The following prose pieces are on the set prose course for examination in 2015 and subsequent years:

1. Hurlamaboc
2. Seal i Neipeal *or* An Gnáthrud
3. Oisín i dTír na nÓg
4. Dís
5. An Lasair Choille *or* Cáca Milis

1 Hurlamaboc

Le *Éilís Ní Dhuibhne*

Cúlra an scéil/Background to the story

This story deals with the Albright family who are very rich. They live on Ascaill na Fuinseoige with other wealthy people. Lisín is the name of the mother and Pól is the name of the father. They are having a party to celebrate their twentieth wedding anniversary. They have plenty of money now but when they got married they didn't have much. Lisín is ambitious and she pushed Pól. He used to work in a shop but now he's a university lecturer. He also owns a lot of property abroad.

Lisín doesn't work outside the home but she's involved in lots of clubs. She always looks perfect. She is slim and blonde, like most of the mothers on the road except for Eibhlín, Emma Ní Loingsigh's mother. Lisín has bought lots of food for the party and her house is neat and clean. Pól and Lisín have two children: Cuán is 13 years old; Ruán is 18 and very unhappy. Ruán loves his mother but is very uncomfortable around her.

Achoimre an scéil/Summary of the story

Try to learn the summary of the story. The sentences are short and easy to learn and can be used to construct exam answers.

Le Foghlaim

Tá Lisín agus Pól pósta le 20 bliain	*Lisín and Pól have been married for 20 years*
Beidh cóisír acu	*They will have a party*
Tá a lán bia agus deochanna acu don chóisir	*They have a lot of food and drink for the party*
Tá teach Lisín glan agus néata cosúil le Lisín	*Lisín's house is neat and tidy like Lisín*
Tá gruaig fhionn ar Lisín	*Lisín has blonde hair*
Tá Lisín tanaí	*Lisín is slim*

Tá gach máthair eile ar an mbóthar cosúil le Lisín	*Every other mother on the road is like Lisín*
Cónaíonn siad ar Ascaill na Fuinseoige	*They live on Ascaill na Fuinseoige*
Tá Lisín foirfe	*Lisín is perfect*
Tá Lisín níos foirfe ná aon mháthair eile ar an mbóthar	*Lisín is more perfect than any other mother on the road*
Nuair a phós Lisín agus Pól ní raibh a lán airgid acu	*When Lisín and Pól married they didn't have much money*
Tá siad saibhir anois agus tá a lán tithe acu	*They are rich now and have many houses*
Tá beirt mhac ag Lisín	*Lisín has two sons*
Tá Cuán 13 d'aois	*Cuán is 13*
Tá Ruán 18 d'aois	*Ruán is 18*
Tá Ruán míshona	*Ruán is unhappy*
Tá Lisín an-ghnóthach	*Lisín is very busy*
Tá airgead an-tábhachtach do Lisín	*Money is very important to Lisín*
Níl aon phost ag Lisín	*Lisín doesn't have a job*
Tá sí in a lán clubanna	*She is in lots of clubs*
Tá sí ina ball de chlub leabhar agus club staire	*She's a member of a book club and a history club*
Tá a lán teangacha ar eolas aici	*She knows lots of languages*
Tá Lisín an-suimiúil	*Lisín is very interesting*
Tagann an tUasal Mac Gabhann go dtí an doras	*Mr Mac Gabhann comes to the door*
Ní maith le Ruán é	*Ruán doesn't like him*

Ceisteanna scrúdaithe agus freagraí samplacha/ Exam questions and sample answers

Ceist 1

Déan cur síos ar chlann Albright.

Freagra:

Tá ceathrar i gclann Albright, an mháthair, Lisín, an t-athair Pól agus Cuán agus Ruán. Tá Cuán 13 d'aois agus tá Ruán 18 d'aois. Tá na tuismitheoirí pósta le 20 bliain agus beidh cóisir acu. Tá Lisín ag eagrú (organising) gach rud. Tá muintir Albright an-saibhir. Tá Pól ag obair sa choláiste agus tá a lán tithe aige. Tá Lisín foirfe. Tá sí fionn agus tanaí. Tá sí níos fearr ná aon bhean eile ar an mbóthar. Tá sí in a lán clubanna agus tá a teach foirfe. Níl Ruán, an mac is sine, sona. Tá grá aige dá mháthair ach níl sé sona.

Ceist 2

Cén cineál duine í Lisín, dar leat? Déan cur síos gairid uirthi agus inis cén fáth ar thaitin (nó nár thaitin) sí leat.

Freagra:

Tá Lisín foirfe ach níl sí ródheas. Tá airgead agus teach foirfe an-tábhachtach di. Bíonn sí gnóthach an t-am ar fad. Níl a lán ama aici dá mac Ruán. Níor thaitin sí liom mar gur cheap mé go raibh airgead agus rudaí eile ní ba thábhachtaí di ná a páistí.

Ceist 3

Déan cur síos ar an téama atá sa scéal seo.

Freagra:

Baineann an scéal Hurlamaboc le tuismitheoirí. Tá Lisín agus Pól pósta le fiche bliain agus beidh cóisir acu. Tá siad saibhir agus tá airgead an-tábhachtach dóibh. Tá teach deas acu agus saol foirfe. Tá Lisín tanaí agus fionn agus lánsásta leis an saol. Tá beirt mhac acu, Cuán atá trí bliana déag d'aois agus Ruán atá ocht mbliana déag d'aois. Níl Ruán sona. Níl se ábalta labhairt lena mháthair faoi seo. Níl gaol (relationship) maith aige lena thuismitheoirí. B'fhéidir go bhfuil siad róghafa le hairgead?

Ceist 4

Déan cur síos ar dhá mhothúchán atá sa scéal, dar leat.

Freagra:

Ceapaim go bhfuil bród agus míshonas sa scéal seo. Tá Lisín agus Pól an-bhródúil as an saol atá acu. Tá teach mór álainn acu agus tá siad an-saibhir. Tá Lisín foirfe. Tá sí tanaí agus fionn agus níos fearr ná aon bhean eile ar an mbóthar. Tá sí ag eagrú cóisire mar go bhfuil sí féin agus Pól fiche bliain pósta.

Ceapaim go bhfuil Ruán, an mac is sine ag Lisín agus Pól, míshona. Tá sé ocht déag agus níl sé ag súil leis an gcóisir. Níl sé ábalta na rudaí a mhothaíonn sé a chur in iúl. Cuireann a mháthair gruaim (depression) air.

Ceist 5

Tabhair dhá fháth ar (nár) thaitin an sliocht seo leat.

Freagra:

Níor thaitin an sliocht liom mar nár thaitin Lisín liom. Bhí Lisín gafa le hairgead agus leis an íomhá a bhí aici di féin. Bhí sí níos foirfe ná gach bean eile ar an mbóthar agus bhí sí an-ghnóthach. Ní raibh an t-am aici dá mac Ruán. Bhí trua agam dó. Níor thaitin Pól liom ach an oiread (either). Bhí airgead an-tábhachtach dó freisin, níos tábhachtaí ná a chuid páistí. Rinne sé a lán airgid agus níor íoc sé a lán cánach (tax).

2 Seal i Neipeal *or* An Gnáthrud

Seal i Neipeal

Le *Cathal Ó Searcaigh*

Cúlra an scéil/Background to the story

This is an extract from a book about travelling in Nepal. In this extract Cathal Ó Searcaigh was staying in lodgings when a small fat man came in to talk to him. He wanted to find out if Ó Searcaigh had any money. The fat man thought that Ó Searcaigh was gullible and simple but he wasn't. The man started to boast about all the businesses he was involved with and he suggested that Ó Searcaigh might like to invest in one. Ó Searcaigh pretended that he was interested and decided to give the man some money.

The man was delighted. As soon as he got the money he went to bed and was gone in the morning before Ó Searcaigh got up. The author had the last laugh because all he had given the man was a bundle of worthless lire and he took great delight in imagining the man going into a bank with the money. The people in the lodgings later told Ó Searcaigh that the man had been involved in many illegal activities and had been in prison.

Achoimre an scéil/Summary of the story

Try to learn the summary of the story on the next page. The sentences are short and easy to learn. They can be used to construct exam answers.

Le Foghlaim

Bhí an t-údar, Cathal Ó Searcaigh, ag fanacht i Neipeal	*The author, Cathal Ó Searcaigh, was staying in Nepal*
Bhuail sé le fear beag fiosrach	*He met a small inquisitive man*
Ba mhaith leis an bhfear airgead a fháil ón údar	*The man wanted to get money from the author*
Bhí sé ag maíomh go raibh a lán gnóthaí aige	*He was boasting that he had a lot of businesses*
Bhí baint aige le cairpéid, seálta pashmina agus earraí páipéir	*He was involved with carpets, pashmina shawls and paper goods*
Cheannaigh an t-údar cúpla deoch dó	*The author bought him a few drinks*
Cheap an fear ansin go raibh Ó Searcaigh bog agus saonta	*The man thought that Ó Searcaigh was soft and gullible*

Thosaigh sé ag caint faoi ghnó a dhéanamh leis an údar	*He started to talk about doing business with the author*
Bhí an fear glic agus mímhacánta agus ba mhaith leis bob a bhualadh ar Ó Searcaigh	*The man was sly and dishonest and wanted to get the better of Ó Searcaigh*
Bhí sé santach	*He was greedy*
Ní raibh Ó Searcaigh bog ná saonta	*Ó Searcaigh wasn't soft or gullible*
Bhí sé glic freisin	*He was sly as well*
Lig Ó Searcaigh air go raibh suim aige sa ghnó	*Ó Searcaigh pretended he was interested in the business*
Thug Ó Searcaigh a lán lire don fhear	*Ó Searcaigh gave a lot of lire to the man*
Cheap an fear go raibh sé saibhir ansin	*The man thought that he was rich then*
Nuair a fuair sé an t-airgead chuaigh sé a chodladh	*When he got the money he went to bed*
Nuair a d'éirigh Ó Searcaigh ar maidin bhí an fear imithe	*When Ó Searcaigh got up in the morning the man was gone*
Bhí Ó Searcaigh ag gáire ag smaoineamh ar an bhfear ag dul go dtí an banc leis na lire	*Ó Searcaigh was laughing thinking of the man going to the bank with the lire*
Níorbh fhiú tada na lire	*The lire weren't worth anything*
Dúirt bean an tí leis an údar go raibh an fear sa phríosún mar gur ghoid sé rudaí	*The woman of the house told the author that the man had been in prison for stealing things*
Bhuail an t-údar bob ar an bhfear	*The author played a trick on the man*
Bhí an t-údar glic agus cliste	*The author was clever and shrewd*
Bhí an fear beag mímhacánta	*The little man was dishonest*
Bhí fadhbanna ag an bhfear	*The man had problems*

Ceisteanna scrúdaithe agus freagraí samplacha/ Exam questions and sample answers

Ceist 1

Cén cineál duine é an t-údar, dar leat? Déan cur síos gairid air agus inis cén fáth ar thaitin (nó nár thaitin) sé leat.

Freagra:

Thaitin an t-údar liom. Thaitin Neipeal leis agus bhí cairde aige ann. Nuair a tháinig an fear beag glic isteach d'éist an t-údar leis. Bhí sé deas agus fial (generous) agus cheannaigh sé deochanna dó. Cheap an fear go raibh Ó Searcaigh bog agus saonta ach ní raibh. Rinne an fear iarracht airgead a fháil ón údar. Bhí sé ag maíomh as na gnóthaí a bhí aige. Thuig an t-údar cad a bhí ar siúl aige. Bhuail sé bob air nuair a thug sé na lire dó. Is maith liom an t-údar mar bhí sé cliste agus ní raibh sé saonta.

Ceist 2

Cad é téama an scéil seo, dar leat?

Freagra:

Ceapaim gurb é an gliceas téama an scéil seo. Bhí an fear agus an t-údar glic. Rinne an fear beag iarracht bob a bhualadh ar an údar. Bhí sé ag maíomh as na gnóthaí a bhí aige agus ba mhaith leis airgead a fháil (nó a ghoid) ón údar. Nuair a thug an t-údar an t-airgead dó d'fhág an fear an teach leis an airgead agus ní fhaca sé ina dhiaidh sin é.

Bhí an t-údar féin glic. Ní raibh sé saonta agus thuig sé gur mhaith leis an bhfear bob a bhualadh air. Bhuail an t-údar bob air nuair a thug sé lire dó mar níorbh fhiú tada na lire sin. Bhí an t-údar ní ba chliste ná an fear agus bhuaigh sé an cluiche!

Ceist 3

Déan cur síos ar na rudaí a d'fhoghlaimíomar faoin bhfear eile sa scéal seo.

Freagra:

Gadaí ab ea an fear eile sa scéal. Bhí sé sa phríosún uair amháin mar bhí sé ag goid agus ag díol iarsmaí (relics) ó Neipeal. Bhí fadhb an óil aige agus chlis ar a phósadh. Bhí sé glic freisin. Rinne sé iarracht bob a bhualadh ar Chathal Ó Searcaigh ach bhí Cathal cliste agus bhuail sé bob air nuair a thug sé na lire dó.

Ceist 4

Déan cur síos ar dhá mhothúchán atá sa scéal.

Freagra:

Tá saint (greed) sa scéal. Bhí an fear beag santach agus bhí sé sa phríosún uair amháin mar ghoid sé iarsmaí ó Neipeal. Anois nuair a thug Cathal Ó Searcaigh na lire dó d'imigh sé leis. Tá trua sa scéal freisin. Bhí fadhb an óil ag an bhfear. Ní raibh sé deas mar dhuine ach bhí a chuid fadhbanna féin aige agus nuair a chonaic sé duine saibhir ó thír eile cheap sé go raibh seans aige airgead a dhéanamh.

Ceist 5

Tabhair dhá fháth ar (nár) thaitin an sliocht seo leat.

Freagra:

Thaitin an sliocht liom. D'fhoghlaim mé rudaí faoin saol a bhí i Neipeal. D'fhoghlaim mé faoi na gnóthaí a bhí ann, cairpéid, seálta pashmina agus earraí páipéir. Thaitin sé liom freisin nuair a bhuail an t-údar bob ar an bhfear glic. Bhí sé greannmhar nuair a thug an t-údar na lire don fhear agus nuair a bhí an t-údar ag smaoineamh ar an bhfearg a bheadh ar an bhfear agus é sa bhanc.

An Gnáthrud

Le *Deirdre Ní Ghrianna*

Cúlra an scéil/Background to the story

This story is set in Northern Ireland during the Troubles. There was a lot of violence between the communities. Very often, innocent people got caught up in the violence and were attacked or killed, because of their religion or political views.

An Gnáthrud deals with Jimmy, a young married father. He is in the pub after work, having a drink with his friends. He would rather be at home with his wife and family whom he loves very much. He leaves the pub early and goes to buy a Chinese takeaway, something he does every Friday. As he walks away from the takeaway he is gunned down and killed, an ordinary man with an ordinary life, caught up in the Troubles.

Achoimre an scéil/Summary of the story

Try to learn the summary of the story below. The sentences are short and easy to learn. They can be used to construct exam answers.

Le Foghlaim

Ba ghnáthdhuine é Jimmy	*Jimmy was an ordinary person*
Bhí gnáthshaol ag Jimmy	*Jimmy had an ordinary life*
Bhí Jimmy pósta le Sarah	*Jimmy was married to Sarah*
Bhí triúr clainne acu, John, Margaret agus Elizabeth	*They had three children, John, Margaret and Elizabeth*
Bhí Jimmy agus Sarah an-sona	*Jimmy and Sarah were very happy*
Ní raibh siad saibhir	*They weren't rich*
Bhí gnáth-theach acu ach rinne Sarah a lán oibre air	*They had an ordinary house but Sarah did a lot of work on it*
Bhí grá mór ag Jimmy do Sarah	*Jimmy loved Sarah*
Bhí Jimmy an-bhródúil as Sarah	*Jimmy was very proud of Sarah*
B'fhear céile maith é Jimmy	*Jimmy was a good husband*
Bhí grá mór ag Jimmy dá pháistí	*Jimmy loved his children*
B'athair maith é	*He was a good father*
Bhí sé sa teach tábhairne an Aoine sin	*He was in the pub that Friday*
B'fhearr leis a bheith sa bhaile lena chlann	*He'd prefer to be home with his family*
Bhí sé sa teach tábhairne lena chairde	*He was in the pub with his friends*
Bhí sé ag smaoineamh ar a chlann an t-am ar fad	*He was thinking about his family the whole time*
D'fhág sé an teach tábhairne luath	*He left the pub early*
Chuaigh sé go dtí an bhialann Shíneach chun béile a cheannach dó féin agus do Sarah	*He went to the Chinese restaurant to buy a meal for himself and Sarah*
Thug Jimmy airgead do na déagóirí a bhí sa bhialann	*Jimmy gave money to the teenagers who were in the restaurant*
Bhí sé ag caint le Liz a bhí ag obair sa bhialann	*He was talking to Liz who was working in the restaurant*
Bhí Jimmy deas agus cneasta le daoine	*Jimmy was nice and kind to people*
D'fhág Jimmy an bhialann chun dul abhaile	*Jimmy left the restaurant to go home*
Bhí sé ag smaoineamh ar Sarah agus ar na páistí an t-am ar fad	*He was thinking about Sarah and the children all the time*

Tháinig carr in aice leis agus scaoil buachaill urchar leis	*A car came up beside him and a boy shot him*
Fuair Jimmy bás ar an tsráid	*Jimmy died on the street*
Is scéal an-bhrónach é	*It's a very sad story*
Ba dhuine deas é Jimmy	*Jimmy was a nice person*
Ní dhearna sé dochar d'aon duine	*He didn't harm anyone*
Ní raibh aon rud ag teastáil uaidh	*He didn't want anything*
Bhí sé san áit mhícheart ag an am mícheart	*He was in the wrong place at the wrong time*
Fuair sé bás mar go raibh na Trioblóidí ar siúl sa Tuaisceart	*He died because the Troubles were taking place in the North*
Mhill an foréigean saol Jimmy	*Violence destroyed Jimmy's life*
Tá trua againn do Jimmy agus dá chlann	*We feel sorry for Jimmy and his family*

Ceisteanna scrúdaithe agus freagraí samplacha/ Exam questions and sample answers

Ceist 1

Déan cur síos gairid ar théama an fhoréigin sa scéal.

Freagra:

Ba ghnáthdhuine é Jimmy. Bhí sé pósta le Sarah, bhí triúr páistí acu, bhí gnáthphost aige. Bhí sé sona sásta lena shaol. Ní raibh aon rud ag teastáil uaidh ach a bheith lena bhean chéile agus lena chlann. Ar an Aoine sa scéal d'fhág sé a chairde sa teach tábhairne chun dul abhaile go luath go dtí a chlann. Ach bhí foréigean ar siúl sa Tuaisceart agus fuair Jimmy bás. Scaoil buachaill urchar le Jimmy agus fuair sé bás ar an tsráid. Mhill an foréigean saol Jimmy, saol Sarah agus saol a bpáistí. Tá sé an-bhrónach.

Ceist 2

Déan cur síos gairid ar an gcineál duine é Jimmy.

Freagra:

Ba ghnáthfhear deas é Jimmy. Bhí gnáthshaol aige. Bhí sé pósta, bhí páistí aige agus bhí post aige. Gach Aoine chuaigh sé go dtí an teach tábhairne lena chairde. Bhí sé sona sásta lena shaol. Ní raibh aon rud ag teastáil uaidh sa saol ach a bheith lena pháistí agus lena bhean.

Bhí Jimmy deas agus cneasta. Bhí sé deas leis na déagóirí agus le Liz sa bhialann. Bhí sé i gcónaí ag smaoineamh ar a bhean agus ar a pháistí. Tá sé an-bhrónach go bhfuair sé bás.

Ceist 3

Déan cur síos ar an gcineál duine í Sarah.

Freagra:

Ba ghnáthbhean í Sarah. Bhí sí pósta le Jimmy agus bhí triúr páistí aici. Ba mháthair an-mhaith í agus thug sí aire mhaith do na páistí. Bhí sí deas le Jimmy freisin agus dúirt sí leis dul go dtí an teach tábhairne lena chairde. Rinne sí obair iontach ar an teach a bhí acu. Bhí sí féin agus Jimmy sona sásta agus tá sé an-bhrónach go bhfuair Jimmy bás.

Ceist 4

Déan cur síos ar dhá mhothúchán atá sa scéal.

Freagra:

Tá an grá agus an brón sa scéal seo. Bhí a lán grá ag Jimmy dá bhean chéile Sarah agus dá pháistí. Bhí sé an-bhródúil as an teach a bhí aige féin agus ag Sarah agus as an obair ar fad a rinne Sarah. Ar an Aoine seo bhí sé ag smaoineamh orthu an t-am ar fad agus bhí áthas air ag dul abhaile. Ar ndóigh tá brón sa scéal. Fuair gnáthfhear bás. Bhí sé sona sásta lena shaol agus tá sé an-bhrónach go bhfuair sé bás. Tá trua againn do Sarah, a bhean chéile, agus do na páistí mar níl athair acu anois.

Ceist 5

Tabhair dhá fháth ar (nár) thaitin an sliocht seo leat.

Freagra:

Níor thaitin an scéal liom mar tá sé an-bhrónach agus tá foréigean ann. Tá trua agam do Jimmy agus dá chlann. Bhí Jimmy agus a bhean chéile Sarah sona sásta lena saol agus bhí grá mór acu dá chéile. . Bhí Jimmy ag smaoineamh ar Sarah nuair a bhí sé ag siúl abhaile. Mar gheall ar na Trioblóidí sa Tuaisceart scaoileadh urchar le Jimmy agus fuair sé bás. Níor thaitin an cur síos (description) ar an marú liom, nuair a bhí an t-údar ag caint faoin bhfuil agus faoin mbia ar an mbóthar.

3 Oisín i dTír na nÓg

Cúlra an scéil/Background to the story

This is an old and very famous Fenian Cycle story. Fionn Mac Cumhaill was the leader of the Fianna whose job it was to protect Ireland.

One day a group of men were trying to move rocks. One rock in particular was very large and the men were not able to move it. They saw a handsome man on a white horse and asked him for help. The man bent down to move the rock and flung it away. With the effort involved he fell from his horse. Instead of a young, handsome man, there now appeared before the men an old, wizened, blind man. They took him to St Patrick. He told the saint that his name was Oisín, the son of Fionn Mac Cumhaill and that he had come back to Ireland to see his family and friends, the Fianna. He was broken-hearted to find that they were all dead. He then told his story to St Patrick.

One day Fionn and the Fianna were out hunting when a beautiful, young woman approached them on a white horse. Her name was Niamh Chinn Óir. She had long, blonde hair and was wearing a crown on her head. She had come from Tír na nÓg to marry Oisín because she had heard that he was very handsome. She put Oisín under a *geasa* to go with her to Tír na nÓg, a country full of milk and honey and where nobody got sick or died. Oisín was happy to go with Niamh, though he was very sad to leave behind his father and his friends in the Fianna.

Niamh and Oisín departed for Tír na nÓg on the white horse and they rode over the seas. On their journey Oisín rescued the daughter of the King of the Living (Rí na mBeo) who was being held hostage by Fómhar Builleach. When Niamh and Oisín arrived in Tír na nÓg her parents organised a party that lasted ten days and nights.

They lived happily in Tír na nÓg for many years. They had three children. One day Oisín said that he would like to visit Ireland again to see Fionn and the Fianna. Niamh was unhappy about this and warned him three times not to set foot on the soil of Ireland because if he did he would turn into an old, blind man.

Oisín returned to Ireland. He could find no trace of the Fianna anywhere because they were all dead. Then he helped the men move the rock and he fell off his horse. St Patrick said that he would look after Oisín and take him to the places that the Fianna had been.

Achoimre an scéil/Summary of the story

Try to learn the summary of the story below. The sentences are short and easy to learn. They can be used to construct exam answers.

Le Foghlaim

Lá amháin bhí slua fear ag baint cloch	*One day a group of men were moving rocks*
Bhí cloch amháin an-mhór	*One rock was huge*
Chonaic siad fear óg, dathúil, láidir ar chapall bán	*They saw a young, handsome, strong man on a white horse*
Chabhraigh sé leis na fir ach thit sé den chapall	*He helped the men but he fell off the horse*
Nuair a bhí sé ar an talamh bhí sé ina sheanfhear dall	*When he was on the ground he turned into an old, blind man*
Thug na fir an seanfhear go dtí Naomh Pádraig	*The men took the old man to St Patrick*
D'inis sé a scéal do Naomh Pádraig	*He told St Patrick his story*
Lá amháin bhí sé féin (Oisín) agus na Fianna ag seilg	*One day Oisín and the Fianna were hunting*
Chonaic siad cailín álainn le gruaig fhionn	*They saw a beautiful girl with fair hair*
Bhí coróin ar a ceann agus chaith sí gúna síoda	*She had a crown on her head and she was wearing a silk dress*
Bhí sí ag marcaíocht ar chapall bán	*She was riding a white horse*
Niamh Chinn Óir ab ainm di agus tháinig sí ó Thír na nÓg	*Niamh Chinn Óir was her name and she came from Tír na nÓg*
Bhí sí i ngrá le hOisín	*She was in love with Oisín*
Chuir sí Oisín faoi gheasa dul léi go dtí Tír na nÓg	*She put Oisín under a spell to go with her to Tír na nÓg*
Ní éiríonn aon duine sean ná tinn i dTír na nÓg	*Nobody gets ill or dies in Tír na nÓg*
Thit Oisín i ngrá le Niamh	*Oisín fell in love with Niamh*
Bhí brón ar Oisín ag fágáil slán lena athair Fionn agus a chairde sna Fianna	*Oisín was sad leaving his father Fionn and his friends in the Fianna*
Chuaigh Niamh agus Oisín trasna na farraige ar chapall bán	*Niamh and Oisín went across the sea on a white horse*
Bhí Oisín cróga agus throid sé le Fómhar Builleach	*Oisín was brave and he fought with Fómhar Builleach*

Shábháil sé iníon Rí na mBeo ó Fhómhar Builleach	*He rescued the daughter of Rí na mBeo from Fómhar Builleach*
Chuaigh Niamh agus Oisín go dtí Tír na nÓg ansin	*Then Niamh and Oisín went to Tír na nÓg*
Bhí féasta acu ar feadh deich lá agus deich n-oíche	*They had a feast that lasted ten days and nights*
Bhí saol álainn acu i dTír na nÓg	*They had a lovely life in Tír na nÓg*
Bhí triúr páistí acu	*They had three children*
Lá amháin dúirt Oisín gur mhaith leis dul ar ais go hÉirinn	*One day Oisín said that he'd like to go back to Ireland*
Ba mhaith leis a athair Fionn agus na Fianna a fheiceáil arís	*He would like to see his father, Fionn, and the Fianna again*
Ní raibh Niamh sásta	*Niamh wasn't happy*
Thug Niamh trí rabhadh d'Oisín	*Niamh gave Oisín three warnings*
Dúirt sí le hOisín gan cos a chur ar thalamh na hÉireann	*She told Oisín not to put a foot on the soil of Ireland*
Bheadh Oisín ina sheanfhear dall dá gcuirfeadh sé cos ar thalamh na hÉireann	*Oisín would be an old, blind man if he put a foot on the soil of Ireland*
Chuaigh Oisín ar ais go hÉirinn	*Oisín went back to Ireland*
Ní fhaca sé na Fianna in aon áit mar bhí siad go léir marbh	*He didn't see the Fianna anywhere because they were all dead*
Thit sé den chapall bán	*He fell off the white horse*
Chaith sé a laethanta deiridh le Naomh Pádraig	*He spent his last days with St Patrick*
Bhí brón an domhain air mar nach raibh aithne aige ar aon duine	*He was very sad because he didn't know anybody*
Ní raibh sé ábalta dul ar ais go dtí Tír na nÓg	*He wasn't able to go back to Tír na nÓg*
Chuaigh sé timpeall na tíre le Naomh Pádraig	*He went around the country with St Patrick*
Chuaigh sé go dtí na háiteanna a raibh na Fianna ina gcónaí	*He went to the places where the Fianna lived*
Tá draíocht sa scéal seo	*There is magic in this story*

Ceisteanna scrúdaithe agus freagraí samplacha/ Exam questions and sample answers

Ceist 1

Déan cur síos ar Oisín.

Freagra:

Nuair a bhí Oisín óg bhí sé láidir agus dathúil. Tháinig Niamh ó Thír na nÓg chun Oisín a phósadh mar bhí a fhios aici go raibh sé dathúil agus deas. Bhí Oisín cróga mar shábháil sé iníon Rí na mBeo ó Fhómhar Builleach. Bhí Oisín cabhrach mar chabhraigh sé leis na fir a bhí ag bogadh na gcloch. Ag deireadh a shaoil bhí Oisín uaigneach mar ní raibh sé ábalta dul ar ais go dtí a chlann i dTír na nÓg.

Ceist 2

Déan cur síos ar Niamh Chinn Óir.

Freagra:

Bhí Niamh an-álainn ar fad. Nuair a chonaic Oisín í thit sé i ngrá léi. Bhí gruaig fhada fhionn uirthi agus súile gorma áille aici. Bhí sí sona sásta lena saol i dTír na nÓg le hOisín agus na páistí. Bhí imní uirthi nuair a bhí Oisín ag dul ar ais go hÉirinn. Thug sí trí rabhadh dó gan cos a chur ar thalamh na hÉireann. Is dócha go raibh brón an domhain uirthi nuair nár fhill Oisín abhaile go Tír na nÓg.

Ceist 3

Déan cur síos ar Naomh Pádraig.

Freagra:

Nuair a thit Oisín den chapall agus nuair a bhí sé ina sheanfhear dall thug na fir é go dtí Naomh Pádraig. Bhí sé deas cineálta (kind) le hOisín. Bhí trua aige d'Oisín mar bhí Oisín ina aonar anois agus an-sean. Thug sé bia agus lóistín (shelter) dó agus thóg sé Oisín timpeall na tíre go dtí na háiteanna ina mbíodh na Fianna fadó.

Ceist 4

Déan cur síos ar dhá mhothúchán atá sa scéal, dar leat.

Freagra:

Tá an grá agus an brón sa scéal seo. Bhí grá mór ag Oisín dá athair Fionn Mac Cumhaill agus do na Fianna. Bhí sé ag caoineadh nuair a bhí sé ag dul go dtí Tír na nÓg. Tháinig sé ar ais go hÉirinn ó Thír na nÓg chun na Fianna a fheiceáil. Bhí grá mór ag Oisin do Niamh agus ag Niamh d'Oisín. Tháinig sí ó Thír na nÓg mar bhí sí i ngrá le hOisín.

Tá brón mór sa scéal freisin. Bhí brón an domhain ar Oisín ag an deireadh nuair a tháinig sé ar ais go hÉirinn. Bhí na Fianna go léir marbh agus ansin thit sé dá chapall agus bhí sé ina sheanfhear dall. Ní fheicfeadh sé Niamh ná a chlann arís.

Ceist 5

Tabhair dhá fháth ar (nár) thaitin an scéal seo leat.

Freagra:

Thaitin an scéal go mór liom. Is maith liom an scéal grá idir Niamh agus Oisín. Is maith liom an cur síos ar Oisín sa scéal. Bhí sé láidir agus cróga. Is maith liom na mothúcháin sa scéal, an grá agus an brón ansin nuair a tháinig Oisín bocht ar ais go hÉirinn agus nuair a thit sé den chapall. Is maith liom an draíocht (magic) sa scéal. Tháinig Niamh trasna na farraige ar chapall bán go hÉirinn. I dTír na nÓg ní éiríonn aon duine sean ná tinn. Nuair a tháinig Oisín ar ais go hÉirinn d'éirigh sé sean nuair a thit sé den chapall. Chuir an draíocht go mór leis an scéal.

4 Dís

Le *Siobhán Ní Shúilleabháin*

Cúlra an scéil/Background to the story

This short story concerns a wife, her husband Seán and a survey.

It is evening time and the couple are sitting by the fire. Seán's wife wants to talk to him but he is reading the paper. The results of a survey the wife participated in are in the paper. According to the survey, a quarter of all married women are unhappy. The previous January a woman had called to the house to conduct the survey. She'd said she was pregnant and was earning money to move house.

Seán is annoyed that his wife would answer questions about their life from a stranger. His wife feels that nobody, including Seán, has any respect for the work housewives do. She feels she's only a statistic and that housewives are taken for granted. Seán's wife was in a bad humour that January; she was annoyed with Seán and so was happy to complain about her life. She admits now that she didn't tell the truth in all her answers. The survey woman had told the wife that she could take her place and do her job while she was on maternity leave but the wife realises that the baby must have been born by now. She is furious that the survey woman might have been telling lies!

Achoimre an scéil/Summary of the story

Try to learn the summary of the story below. The sentences are short and easy to learn. They can be used to construct exam answers.

Le Foghlaim

Tá Seán ag léamh an pháipéir	*Seán is reading the paper*
Bhí sé amuigh ag obair don lá	*He was out working for the day*
Níl a bhean chéile sásta	*His wife isn't happy*
Ba mhaith léi labhairt le Seán	*She would like to talk to Seán*
Tá suirbhé sa pháipéar	*There's a survey in the paper*
Deir an suirbhé go bhfuil an ceathrú cuid de mhná pósta míshona	*The paper says that a quarter of married women are unhappy*
Ghlac an bhean páirt sa suirbhé	*The wife took part in the survey*
Mí Eanáir seo caite tháinig bean go dtí an teach ag déanamh suirbhé	*Last January a woman doing a survey came to the house*
Bhí bean an tsuirbhé torrach	*The woman doing the survey was pregnant*
Bhí an bhean tí cantalach an mhaidin sin	*The housewife was cranky that morning*
Bhí sí crosta le Seán	*She was cross with Seán*
Bhí sí ag gearán faoina saol	*She was complaining about her life*
Cheap sí nach raibh meas ag aon duine ar an obair a dhéanann bean tí	*She thought nobody respected the work of a housewife*
Tá Seán feargach go raibh a bhean chéile ag gearán le strainséir	*Seán was angry that his wife was complaining to a stranger*
Deir a bhean ansin nach raibh sí ag insint na fírinne leis an mbean	*His wife says she wasn't telling the truth to the surveyor*
Bhí bean Sheáin ag súil leis an suirbhé a dhéanamh don bhean nuair a bheadh an leanbh aici	*Seán's wife was hoping to carry out the surveys while the woman was having her baby*
Tá fearg ar Sheán mar tá leanbh acu	*Seán is annoyed because they have a child*
Níor mhaith leis go mbeadh a bhean ag obair taobh amuigh den teach	*He didn't want his wife to work outside the home*
Ba mhaith lena bhean sorn a cheannach leis an airgead a gheobhadh sí ó obair an tsuirbhé	*His wife would like to buy an oven with the money she'd get from doing the survey*
Tuigeann sí anois nár ghlaoigh bean an tsuirbhé uirthi	*She realises now that the woman doing the survey didn't ring her*

Ceapann sí anois nach raibh an bhean ag insint na fírinne faoin leanbh	*She thinks now that the woman doing the survey wasn't telling the truth about the child*
Tá fearg an domhain uirthi anois	*She is furious now*
Tá an bhean míshona lena saol	*The woman is unhappy with her life*
Ceapann sí nach bhfuil meas madra ag aon duine ar an obair a dhéanann sí	*She thinks nobody has the slightest respect for the work she does*
Níl mórán airgid aici	*She doesn't have much money*
Tá Seán seanaimseartha	*Seán is old-fashioned*
Níl sé sásta go raibh a bhean ag caint faoina saol le strainséir	*He's not happy that his wife was talking about her life to a stranger*
Níor mhaith leis go mbeadh a bhean ag obair	*He wouldn't like his wife to work*
Tá Seán mímhúinte lena bhean	*Seán is rude to his wife*

Ceisteanna scrúdaithe agus freagraí samplacha/ Exam questions and sample answers

Ceist 1

Déan cur síos ar an lánúin sa scéal seo.

Freagra:

Tá an bhean sa scéal pósta le Seán. Téann Seán amach ag obair agus fanann an bhean sa bhaile ag tabhairt aire don leanbh atá acu. Níl a lán airgid aici. Is maith léi a bheith ag caint ach is fearr le Seán a bheith ag léamh an nuachtáin. An oíche seo tá siad ag argóint faoi shuirbhé atá sa nuachtán. Ghlac an bhean páirt sa suirbhé. Dúirt sí leis an mbean a rinne an suirbhé go raibh sí míshona ach anois deir sí nach raibh sí ag insint na fírinne. Ceapann sí nach bhfuil meas ag daoine ar an obair a dhéanann bean tí.

Ceist 2

Cén cineál duine é Seán, dar leat? Déan cur síos gairid air agus inis cén fáth ar thaitin (nó nár thaitin) sé leat.

Freagra:

Níor thaitin Seán liom. Ceapaim go bhfuil Seán mímhúinte. Ba mhaith lena bhean chéile labhairt leis ach níl suim aige labhairt léi. B'fhearr leis a bheith ag léamh an nuachtáin. Dar léi, níl aon mheas ag Seán ar an obair a dhéanann sí. Tá Seán an-seanfhaiseanta. Níl sé sásta go bhfuil a bhean chéile ag smaoineamh ar dhul amach ag obair. Ceapann sé gur cheart di fanacht sa bhaile ag tabhairt aire don leanbh.

Ceist 3

Cad a d'fhoghlaimíomar faoi bhean an tsuirbhé?

Freagra:

Bhí bean an tsuirbhé torrach. Bhí sí ag dul timpeall ó theach go teach ag cur ceisteanna ar mhná chun a fháil amach an raibh siad sásta lena saol. Bhí sí ina cónaí in árasán ach nuair a bheadh an leanbh aici bheadh uirthi bogadh amach as an árasán. Bhí sí ag sábháil airgid chun teach a cheannach. Gheall sí (promised) a post don bhean sa scéal nuair a bheadh an leanbh aici. Anois ceapann an bhean sa scéal go raibh sí ag cumadh scéalta mar nár chuala sí scéal ar bith uaithi ó shin.

Ceist 4

Déan cur síos ar dhá mhothúchán atá sa scéal, dar leat.

Freagra:

Ceapaim go bhfuil an t-uaigneas agus an fhearg sa scéal seo. Ceapaim go bhfuil an bhean sa scéal uaigneach. Bíonn sí léi féin i rith an lae ag tabhairt aire don leanbh agus nuair a thagann a fear céile abhaile sa tráthnóna níl aon suim aige labhairt léi. Bhí áthas an domhain ar an mbean nuair a tháinig bean an tsuirbhé go dtí a teach mar bhí sí ábalta labhairt léi.

Tá fearg sa scéal freisin. Tá fearg ar Sheán nuair a bhíonn sé ag iarraidh an nuachtán a léamh. Tá fearg an domhain air nuair a chloiseann sé go raibh a bhean ag caint le bean an tsuirbhé agus go raibh sí ag smaoineamh ar dhul amach ag obair.

Ceist 5

Tabhair dhá fháth ar (nár) thaitin an scéal seo leat.

Freagra:

Níor thaitin an scéal seo liom mar níor thaitin an saol a bhí ag an mbean liom. Tá trua agam di. Caitheann sí an lá sa bhaile léi féin ag tabhairt aire don leanbh. Nuair a thagann a fear abhaile san oíche níl suim aige labhairt léi. Dar léi, níl meas ag aon duine ar bhean tí. Tá trua agam di freisin mar chreid sí bean an tsuirbhé faoin bpost ach níor chuala sí aon scéal ó shin. Fáth eile nár thaitin an scéal liom ná nár thaitin Seán liom. Ceapaim go bhfuil sé mímhúinte. Ba mhaith lena bhean chéile labhairt leis ach níl suim aige labhairt léi. B'fhearr leis a bheith ag léamh an nuachtáin. Dar léi, níl aon mheas ag Seán ar an obair a dhéanann sí. Tá Seán an-seanfhaiseanta. Níl sé sásta go bhfuil a bhean chéile ag smaoineamh ar dhul amach ag obair. Ceapann sé gur cheart di fanacht sa bhaile ag tabhairt aire don leanbh.

5 An Lasair Choille *or* Cáca Milis

An Lasair Choille

Le *Caitlín Maude*

Cúlra an scéil/Background to the story

This play is about two men, Séamas and Micil.

When Séamas was only 13 he was sent to work for Micil, a much older man who was a cripple. Micil is confined to bed so Séamas does all the work. Séamas is very innocent and has no real experience of the world. He is also kind and helpful. Micil is a bitter and mean person. He is obsessed with making money. The money is made by selling turf.

Séamas has a goldfinch in a cage. He is so lonely that he talks to the bird. One day he mentions that he would like to go to England but Micil starts to laugh at him and calls him an idiot. Séamas loses confidence.

When a girl, Míoda, calls to the door one day, Séamas lets her in. She is a gypsy girl but Séamas doesn't realise this. She makes up a story about being the Earl of Connacht's daughter. She says that she wants her freedom just like Séamas. They talk about going to England together. Séamas believes every word that she says but Micil knows Míoda is making the whole story up. He is afraid that she will steal their money. Séamas wants to leave but doesn't want Micil to suffer. Finally Míoda's father comes in and takes her back to the camp.

At the end, Séamas releases the goldfinch from the cage. As a result of all the talk with Míoda about freedom and going to England he realises that none of them are free and that they are all trying to keep somebody else in captivity. Séamas has grown stronger by the end of the play.

Achoimre an scéil/Summary of the story

Try to learn the summary of the story below. The sentences are short and easy to learn. They can be used to construct exam answers.

Le Foghlaim

Tá Séamas 25 bliana d'aois	*Séamas is 25 years old*
Tá sé saonta agus deas	*He is innocent and nice*
Tá sé cneasta agus cabhrach	*He is kind and helpful*
Tá sé ina chónaí le Micil	*He lives with Micil*
Is cláiríneach é Micil	*Micil is a cripple*
Tá Micil suarach	*Micil is mean*
Maslaíonn sé Séamas an t-am ar fad	*He insults Séamas all the time*
Déanann Séamas an obair ar fad	*Séamas does all the work*
Bíonn Micil i gcónaí ag caint faoi airgead; tá sé gafa le hairgead	*Micil is always talking about money; he is obsessed with money*
Tá lasair choille ag Séamas	*Séamas has a goldfinch*
Tá an lasair choille i gcás	*The goldfinch is in a cage*
Ní chanann an lasair choille	*The goldfinch doesn't sing*
Níl an lasair choille saor	*The goldfinch isn't free*
Níl aon duine sa dráma saor	*Nobody in the play is free*
Ba mhaith le Séamas dul go Sasana	*Séamas would like to go to England*
Ba mhaith leis a bheith saor	*He would like to be free*
Bíonn Micil ag gáire faoi Shéamas	*Micil laughs at Séamas*
Tugann sé amadán air	*He calls him an idiot*
Tá Micil ag brath ar Shéamas	*Micil is depending on Séamas*
Níor mhaith le Micil go rachadh Séamas go Sasana	*Micil doesn't want Séamas to go to England*
Níl Micil ábalta aon obair a dhéanamh	*Micil can't do any work*
Tagann cailín tincéara Míoda isteach	*A gypsy girl, Míoda, comes in*
Tá sí ag lorg bia	*She is looking for food*
Tá Séamas an-deas léi	*Séamas is very nice to her*
Tá Míoda an-ghlic	*Míoda is very sly*
Feiceann sí go bhfuil Séamas beagáinín simplí	*She sees that Séamas is a bit simple*
Cumann sí scéal	*She makes up a story*
Deir sí gurb í iníon Iarla Chonnacht í	*She says that she is the daughter of the Earl of Connacht*
Deir sí go bhfuil sí ag éalú óna hathair	*She says she is running away from her father*
Deir sí nach bhfuil sí saor	*She says that she is not free*

Deir sí nach bhfuil Séamas saor	*She says that Séamas isn't free*
Tá a fhios ag Micil gur tincéir í Míoda	*Micil knows that Míoda is a gypsy*
Deir sé gur mhaith léi an t-airgead a ghoid	*He says that she wants to steal the money*
Tá Míoda gránna le Micil	*Míoda is horrible to Micil*
Tá Micil gránna le Míoda	*Micil is horrible to Míoda*
Tosaíonn Míoda agus Séamas ag caint faoi dhul go Sasana	*Míoda and Séamas start to talk about going to England*
Tá eagla ar Shéamas go mbeidh daoine ag gáire faoi	*Séamas is afraid that people will laugh at him*
Deir Míoda gur fear breá é Seamas	*Míoda says that Séamas is a fine man*
Tagann athair Mhíoda isteach	*Míoda's father comes in*
Tosaíonn Míoda ag gáire faoi Shéamas ansin	*Míoda starts to laugh at Séamas then*
Tá sí cruálach le Séamas	*She is cruel to Séamas*
Tugann Micil agus Míoda amadán ar Shéamas	*Micil and Míoda call Séamas a fool*
Tá díomá agus brón ar Shéamas	*Séamas is disappointed and sad*
Deir sé gur oscail Míoda a shúile dó	*He says that Míoda opened his eyes*
Tuigeann sé go bhfuil siad go léir i ngéibheann	*He understands that they are all in captivity*
Tá Micil i ngéibheann toisc gur cláiríneach é	*Micil is in captivity because he is a cripple*
Tá Míoda i ngéibheann toisc gur tincéir í	*Míoda is in captivity because she is a gypsy*
Scaoileann sé an lasair choille amach	*He releases the goldfinch*
Tá Séamas níos láidre ag deireadh an dráma	*Séamas is stronger at the end of the play*

Ceisteanna scrúdaithe agus freagraí samplacha/ Exam questions and sample answers

Ceist 1

Déan cur síos ar Shéamas.

Freagra:

Tá Séamas 25 bliana d'aois agus tá sé ag obair do sheanfhear darbh ainm Micil.

Tá sé uaigneach. Níl aon chairde aige agus caitheann sé gach lá ag obair do Mhicil. Tá lasair choille mar pheata aige. Tá sé deas agus cneasta le Micil agus le Míoda. Níl daoine ródheas leis ach bíonn sé i gcónaí deas le daoine. Tá Micil agus Míoda gránna le Séamas. Ba mhaith leis a bheith saor. Ba mhaith leis dul go Sasana.

Ceist 2

Déan cur síos ar Mhicil.

Freagra:

Is cláiríneach é Micil. Tá sé sean. Ní féidir leis siúl. Tá sé gránna le Séamas. Bíonn sé i gcónaí ag gáire faoi agus ag tabhairt amadáin air. Tá sé gafa le hairgead. Tá sé cliste freisin agus tá a fhios aige gur tincéir í Míoda. Tá sé gránna léi. Tá eagla air go n-imeoidh Séamas go Sasana mar beidh sé ina aonar ansin.

Ceist 3

Déan cur síos ar Mhíoda.

Freagra:

Is tincéir í Míoda. Tá sí glic agus cumann sí scéal. Deir sí gurb í iníon Iarla Chonnacht í. Creideann Séamas an scéal. Níl sí sásta lena saol mar níl sí saor. B'fhéidir go raibh sí chun airgead Shéamais a ghoid. Bhí sí gránna le Séamas ag deireadh an dráma nuair a tháinig a hathair isteach. Bhí sí cosúil le Micil, ag gáire agus ag tabhairt amadáin ar Shéamas.

Ceist 4

Déan cur síos ar dhá mhothúchán atá sa scéal.

Freagra:

Tá an dóchas (hope) agus an brón sa scéal seo. Bhí dóchas ag Séamas go mbeadh saol ní b'fhearr aige i Sasana le Míoda. Nuair a d'imigh Míoda lena hathair bhí dóchas fós ag Séamas go mbeadh saol difriúil aige ansin. Tá brón sa scéal freisin. Ní raibh Micil ná Míoda sásta leis an saol a bhí acu. Bhí brón agus uaigneas ar Shéamas ag caitheamh a shaoil le Micil. Bhí brón air mar ní raibh aon chairde aige.

Ceist 5

Cad é téama an scéil?

Freagra:

Baineann an scéal seo le saoirse agus le dóchas. Ba bhreá le Séamas a bheith saor agus a bheith i measc daoine óga eile. Bhí brionglóid ag Míoda éalú ón saol a bhí aici, i ngéibheann ag a teaghlach agus a saol. Níl aon duine sa dráma saor – níl Micil saor mar gur cláiríneach é, níl Séamas saor mar nach bhfuil muinín ar bith aige mar go dtugann Micil amadán air agus níl Míoda saor mar gur tincéir í.

Cáca Milis

Gearrscannán le *Brian Lynch*

Cúlra an scannáin/Background to the film

There are two main characters in the film, Catherine and Paul. Catherine minds her elderly mother and is taking the train to work. She gets on the train and is settling in to read her book when along comes Paul. He is blind, very talkative and friendly. He is also a little awkward and has asthma.

Paul sits down opposite Catherine. He has a pink cake in a bag, which he eats, making a bit of a mess. He keeps talking to Catherine even though she is trying to read her book. He annoys her. He tells her that he is going on his holidays. He says he can describe everything they pass outside the window. He asks Catherine to ask him about it. She does and he describes exactly what they are passing. She lies to him and tells him he has made a mistake. Paul gets very upset and has an asthma attack. Then he eats his cake and drinks his coffee, making a mess. Paul is really annoying Catherine. She tells him that there is half a worm in his cake and that he must have eaten the other half. Paul gets very upset again and starts to have another asthma attack. Catherine moves his inhaler away from him. Paul struggles for breath while Catherine watches. Paul dies and Catherine leaves the train.

Achoimre an scannáin/Summary of the film

Try to learn the summary of the film below. The sentences are short and easy to learn. They can be used to construct exam answers.

Le Foghlaim

Tugann Catherine aire dá máthair	*Catherine minds her mother*
Tá sí mífhoighneach lena máthair	*She is impatient with her mother*
Tá Catherine ag dul ar an traein	*Catherine is going on a train journey*
Tá sí ag léamh leabhar grá	*She is reading a love story*
Tá Paul mór agus dall	*Paul is big and blind*
Tá Paul cairdiúil agus cainteach	*Paul is friendly and talkative*
Cuireann Paul muinín i ndaoine	*Paul trusts people*
Tá plúchadh/asma ar Paul	*Paul has asthma*
Suíonn sé síos in aice le Catherine ar an traein	*He sits down beside Catherine on the train*
Tá fearg ar Catherine	*Catherine is annoyed*
Leanann Paul ar aghaidh ag caint is ag caint	*Paul keeps talking and talking*
Déanann sé cur síos ar na rudaí atá taobh amuigh den fhuinneog	*He describes the things outside the window*

Tá Paul saonta agus páistiúil	*Paul is naïve and childish*
Deir Catherine go raibh Paul mícheart faoi na rudaí taobh amuigh den fhuinneog	*Catherine says that Paul was wrong about the things outside the window*
Bíonn Catherine ag insint bréag	*Catherine tells lies*
Tá Paul trína chéile	*Paul is very upset*
Buaileann taom asma é	*He gets an asthma attack*
Itheann sé a cháca milis	*He eats his cake*
Ólann sé caife	*He drinks coffee*
Déanann sé a lán torainn	*He makes a lot of noise*
Tá an cáca agus an caife ag prislíneach as a bhéal	*The cake and coffee are dribbling out of his mouth*
Deir Catherine go bhfuil péist sa cháca	*Catherine says that there is a worm in the cake*
Deir sí go bhfuil leath den phéist ite ag Paul	*She says that Paul has eaten half the worm*
Tá Paul trína chéile arís agus tagann taom asma air	*Paul is very upset and has an asthma attack*
Bogann Catherine a análóir ó Paul	*Catherine moves his inhaler away from Paul*
Níl aon trua ag Catherine	*Catherine has no pity*
Faigheann Paul bás	*Paul dies*
Fágann Catherine an traein	*Catherine leaves the train*
Tá Catherine cruálach agus gránna	*Catherine is cruel and hateful*
Tá Catherine freagrach as bás Paul	*Catherine is responsible for Paul's death*

Ceisteanna scrúdaithe agus freagraí samplacha/ Exam questions and sample answers

Ceist 1

Déan cur síos ar Catherine.

Freagra:

Tá Catherine cruálach agus gránna. Níl sí deas lena máthair. Tá sí gránna le Paul ar an traein. Nuair a dhéanann Paul cur síos ar na radhairc taobh amuigh den fhuinneog insíonn sí bréag agus deir sí go bhfuil sé mícheart. Tá Paul bocht trína chéile agus tagann taom asma air. Ansin deir sí leis go bhfuil péist ina cháca agus gur ith sé leath den phéist. Tagann taom eile asma air ach bogann sí an t-analóir agus faigheann Paul bás uafásach. Tá sí freagrach as bás Paul.

Ceist 2

Déan cur síos ar Paul.

Freagra:

Tá Paul deas agus páistiúil. Is maith leis daoine. Tá sé cairdiúil agus cainteach agus tá sé an-sásta ag dul ar a laethanta saoire. Tá sé sásta lena cháca milis. Ní thuigeann sé go bhfuil sé ag cur isteach go mór ar Catherine lena chuid cainte. Tá sé dall agus ní fheiceann sé aghaidh Catherine. Ní thuigeann sé go bhfuil Catherine ag insint bréag. Cuireann sé muinín i ndaoine eile. Faigheann sé bás uafásach mar níor thuig sé an cineál duine a bhí in Catherine.

Ceist 3

Cad é téama an scannáin, dar leat?

Freagra:

Is í an chruálacht (cruelty) téama an scannáin. Tá Catherine cruálach le Paul. Tá Paul cairdiúil, cainteach agus páistiúil. Bhí sé sona sásta ar an traein ag dul ar a laethanta saoire agus ag ithe a cháca mhilis. Bhí sé deas ach bhí Catherine gránna agus cruálach. Ba mhaith léi a leabhar grá a léamh ar an traein agus chuir Paul isteach go mór uirthi. D'inis sí bréaga dó. Dúirt sí gur ith sé leathphéist. Nuair a tháinig taom asma ar Paul bhog sí an t-análóir uaidh agus fuair Paul bocht bás.

Ceist 4

Déan cur síos ar dhá mhothúchán atá sa scannán, dar leat.

Freagra:

Tá áthas agus uafás sa scannán. Tá áthas ar Paul ag an tús. Tá sé sona sásta ag dul ar a chuid laethanta saoire. Tá Paul dall ach tá sé cairdiúil le daoine. Is maith leis a bheith ag caint le daoine agus ní thuigeann sé go bhfuil daoine gránna sa saol.

Tá uafás sa scannán freisin. Cuireann sé uafás orainn go bhfuil duine mar Catherine ann. Tá sí freagrach as bás Paul. D'inis sí bréaga dó faoi na radhairc taobh amuigh den fhuinneog agus ansin dúirt sí gur ith sé leathphéist. Nuair a tháinig taom asma air bhog sí an t-análóir agus fuair Paul bás.

Ceist 5

Tabhair dhá fháth ar thaitin nó nár thaitin an scannán seo leat.

Freagra:

Níor thaitin an scannán liom mar níor thaitin an téama ná Catherine liom. Tá a lán cruálachta sa scannán. Bhí fear deas páistiúil, Paul, sona sásta ag dul ar a laethanta saoire. Bhí sé dall agus bhí asma air ach bhí sé sona lena shaol. Ansin bhuail sé le bean chruálach ghránna a chuir deireadh lena shaol. D'inis sí bréaga dó faoi na radhairc taobh amuigh den fhuinneog agus faoin bpéist ina cháca milis. Nuair a fuair Paul taom asma bhog sí a análóir uaidh. Bhí sí freagrach as a bhás. Níor thaitin an radharc sin liom nuair a bhí Paul ag fáil bháis agus nuair a d'fhág Catherine Paul bocht ansin.

8 Filíocht/Poetry

Learning objectives

In this chapter you will learn about:

1. Useful phrases and vocabulary that relate specifically to the poetry section of the exam
2. Advice and exam tips on how to approach the poetry section
3. How to structure and write simple answers to questions on poetry

Exam guidelines

- The poetry questions are on Paper 2 of the exam.
- Fifty (50) marks are allocated to the poetry section on the exam paper.
- Two questions will be given and **both** must be answered – there is no choice.

Exam techniques

- Spend five minutes studying your options before making a final choice.
- Read each poem carefully and then read the questions.
- Underline the key words in the question and try to piece together the meaning of the question.
- Sketch out some ideas on the back of your exam answer book.
- When you have completed your answer, re-read it carefully to ensure that you have corrected any mistakes.
- Learn the key phrases in the table on page 129.
- Study the key questions in the table on page 129.

Key phrases to learn

Le Foghlaim

Téama an dáin	*The theme of the poem*
Mothucháin	*Emotions*
Atmaisféar an dáin	*The atmosphere of the poem*
Is iomaí mothúchán a nochtann an file sa dán seo	*The poet expresses many emotions in this poem*
Úsáideann an file íomhánna réalaíocha ó thús go deireadh an dáin	*The poet uses realistic images from the beginning to the end of the poem*
Úsáideann an file friotal lom sa dán seo	*The poet uses bare language in this poem*
Tá teideal an dáin oiriúnach don ábhar	*The title of the poem suits the subject*
Tá na híomhánna thar a bheith oiriúnach don ábhar	*The images are very suited to the subject*
Úsáideann an file uaim sa dán seo	*The poet uses alliteration in this poem*

Key questions

Le Foghlaim

Inis i d'fhocail féin cad is téama don dán	*State in your own words the theme of this poem*
Cad é an mothúchán is mó sa dán seo?	*What is the strongest emotion in this poem?*
Ar thaitin an dán seo leat?	*Did you like this poem?*
Mínigh teideal an dáin i d'fhocail féin	*Explain the title of the poem in your own words*
Déan cur síos ar dhá íomhá a chuireann an file os ár gcomhair sa dán seo	*Describe two images that the poet presents in this poem*
An dóigh leat go bhfuil ______ oiriúnach mar theideal ar an dán seo?	*Do you think that ______ is a suitable title for this poem?*
Déan cur síos ar an gcodarsnacht atá le feiceáil sa dán seo	*Describe the contrast that is seen in this poem*
Déan cur síos i d'fhocail féin ar an bpictiúr a chuirtear os ár gcomhair sa cheathrú véarsa	*Describe in your own words the picture that is presented to us in the fourth verse*

Ceacht

Cover the right panel above and test your knowledge. Translate the key phrases and questions. When you think you know the key phrases, cover the left panel and write the phrases in Irish.

The following poems are on the set poetry course for examination in 2015 and subsequent years:

1	Géibheann	*Caitlín Maude*
2	Colscaradh	*Pádraig Mac Suibhne*
3	Mo Ghrá-sa (Idir Lúibíní)	*Nuala Ní Dhomhnaill*
4	An Spailpín Fánach	*File Anaithnid*
5	An tEarrach Thiar	*Máirtín Ó Direáin*

1 Géibheann

Le *Caitlín Maude*

Cúlra an dáin/Background to the poem

- This poem is talking about freedom and oppression.
- A wild animal in the zoo is speaking.
- He remembers when he was free in the jungle.
- He was once wild, free and proud.
- Now, in the zoo, he has no energy or interest in anything.
- He spends the time lying down looking at the one tree near him.
- People come every day to look at him in the zoo.
- All he wants is to be free.
- The poet uses contrast to show the two different lives the animal has experienced.
- It is a very sad poem because the animal has a terrible life now and is very unhappy.

An dán i d'fhocail féin/The poem in your own words

Foclóir ABC

An Dán	I d'fhocail féin...
Ainmhí mé	Is ainmhí mé
ainmhí allta	ainmhí fiáin
as na teochreasa	as ceann de na tíortha atá in aice leis an Meánchiorcal
a bhfuil cliú agus cáil ar mo scéimh	tá clú agus cáil ar m'áilleacht mar ainmhí
chroithfinn crainnte na coille	agus chuirinn na crainn sa choill ag crith
tráth	bhí uair ann

le mo gháir	le mo bhúir
ach anois	ach anois
luím síos	caithim mo chuid ama i mo luí
agus breathnaím trí leathshúil	ag féachaint trí leathshúil
ar an gcrann aonraic sin thall	ar an aon chrann amháin atá in aice liom
tagann na céadta daoine	tagann a lán daoine
chuile lá	gach aon lá
a dhéanfadh rud ar bith	agus dhéanfaidís rud ar bith
dom	dom
ach mé a ligean amach	ach mo shaoirse a thabhairt dom

Leagan Béarla/English version

I am an animal
a wild animal
from the tropics
I am famous for my beauty

I once would shake the trees
with my roar

but now
I lie down
and look through half-closed eyes
at the single tree over there
hundreds of people come

and they would do anything for me
except set me free

An file

- Caitlín Maude a chum an dán seo.
- Rugadh i Ros Muc i gCo. na Gaillimhe sa bhliain 1941 í.
- Ba mhúinteoir scoile, cheoltóir, dhrámadóir agus aisteoir í.
- Fuair sí bás den ailse sa bhliain 1982.

You need to be able to discuss the following:

1. The theme of the poem.
2. The imagery used in the poem.
3. The emotions in the poem.
4. The use of contrast in the poem.
5. Your own opinion of the poem.

Príomhsmaointe agus téama an dáin/ Main ideas and theme of the poem

Top Tip!

Learn the following sentences and phrases and you will be able to answer any questions on the poem.

Le Foghlaim

Is í an daoirse téama an dáin seo	*Oppression is the theme of this poem*
Is é an brón téama an dáin seo	*Sadness is the theme of this poem*
Tá ainmhí fiáin ag caint sa dán	*A wild animal is speaking in the poem*
Uair amháin bhí sé saor ina thír dhúchais	*Once he was free in his native country*
Tá sé mór agus láidir	*He is big and strong*
Chuir sé eagla ar na hainmhithe eile	*He frightened the other animals*
Tá sé bródúil as féin	*He is proud of himself*
Bhí sé sona sásta nuair a bhí sé saor	*He was happy and contented when he was free*
Bhí sé ag búiríl nuair a bhí sé saor sna teochreasa	*He roared when he was free in the tropics*
Tá dhá íomhá sa dán	*There are two images in the poem*
Tá íomhá den ainmhí nuair a bhí sé saor	*There is an image of the animal when he was free*
Bhí sé sásta, láidir agus fuinniúil nuair a bhí sé saor	*He was happy, strong and energetic when he was free*
Tá íomhá den ainmhí i ngéibheann	*There is an image of the animal in captivity*
Tá an t-ainmhí i ngéibheann sa zú anois	*The animal is now in captivity in the zoo*
Tá brón an domhain air	*He is very sad*
Níl aon saoirse aige sa zú	*He has no freedom in the zoo*
Caitheann sé gach lá ina luí ina chás	*He spends every day lying down in his cage*
Níl suim aige in aon rud	*He has no interest in anything*
Tá codarsnacht an-mhór idir an zú agus na teochreasa	*There is a huge contrast between the zoo and the tropics*
Bhí na mílte crann sna teochreasa	*There were thousands of trees in the tropics*
Níl ach crann amháin sa zú	*There's only one tree in the zoo*
Tá saol leadránach ag an ainmhí	*The animal has a boring life*
Tagann a lán daoine ag féachaint ar an ainmhí gach lá	*Loads of people come to look at the animal in the zoo every day*
Ba bhreá leis an ainmhí a bheith saor	*The animal would love to be free*
Is iad an bród agus an brón na mothúcháin atá sa dán	*Pride and sadness are the emotions in the poem*

Ceisteanna scrúdaithe agus freagraí samplacha/ Exam questions and sample answers

Remember

Remember to quote lines from the poem if you can. The poem will be printed on the paper and it helps to reinforce your answer.

Ceist 1

Inis, *i d'fhocail féin*, faoin saol a bhí ag an ainmhí uair amháin.

Freagra:

Uair amháin bhí an t-ainmhí ina chónaí sna tíortha teo. Bhí sé saor agus bhí áthas an domhain air. Bhí sé ag búiríl agus chuir sé eagla ar na hainmhaithe eile. Bhí sé an-sásta leis an saol a bhí aige.

Ceist 2

Inis, *i d'fhocail féin*, faoin saol atá ag an ainmhí anois.

Freagra:

Níl an t-ainmhí saor anois. Tá sé ina chónaí sa zú agus caitheann sé gach lá ina luí ar an talamh. Tá brón agus uaigneas an domhain air mar níl sé sna teochreasa anois. Níl aon chrainn timpeall air.

Ceist 3

Cad a tharlaíonn gach lá?

Freagra:

Gach lá tagann daoine ar cuairt ar an ainmhí sa zú. Féachann siad air agus is dócha go dtugann siad bia dó ach ní scaoileann siad an t-ainmhí amach.

Ceist 4

Luaigh *dhá* mhothúchán atá sa dán. Déan cur síos, *i d'fhocail féin*, ar an dá mhothúchán sin.

Freagra:

Tá bród agus brón sa dán. Nuair a bhí an t-ainmhí ina chónaí sna teochreasa bhí sé bródúil as féin. Bhí sé ag búiríl agus chuir sé eagla ar na hainmhithe eile: 'Chroithfinn crainnte na coille tráth le mo gháir'
Cheap sé go raibh sé go hálainn: 'A bhfuil cliú agus cáil ar mo scéimh'

Tá brón an domhain anois air mar tá sé ina chónaí sa zú. Níl aon saoirse aige. Caitheann sé gach lá ina luí ar an talamh. Níl suim aige in aon rud. Tá brón air nach bhfuil sé saor sna teochreasa anois:

> 'Luím síos
> agus breathnaím trí leathshúil'

Ceist 5

Luaigh *dhá* íomhá (pictiúr) atá sa dán. Déan cur síos *i d'fhocail féin* ar an dá íomhá sin sa dán.

Freagra:

Tá íomhá den ainmhí nuair a bhí sé saor sna teochreasa sa dán. Nuair a bhí sé ann bhí sé ag búiríl agus chroith sé na crainn. Bhí sé lán le fuinneamh (energy) agus bhí suim aige i ngach rud.

Tá íomhá den ainmhí nuair atá sé ina chónaí sa zú ann. Tá brón an domhain air. Níl suim aige in aon rud agus caitheann sé gach lá ina luí ar an talamh. Ní bhíonn sé ag búiríl anois. Níl sé saor anois, tá sé i ngéibheann.

Ceist 6

Déan cur síos ar mhothúchán amháin a mhúscail an dán ionat féin.

Freagra:

Chuir an dán seo fearg an domhain orm. Tá fearg orm mar tá an t-ainmhí i ngéibheann sa zú. Is fuath leis a bheith sa zú; b'fhearr leis a bheith saor sna teochreasa. Nuair a bhí sé saor bhí suim aige i ngach rud agus bhí sé ag búiríl agus ag cur eagla ar na hainmhithe eile:

> 'Chroithfinn crainnte na coille
> Tráth
> Le mo gháir'

Tá brón an domhain air anois mar níl aon saoirse aige. Caitheann sé gach lá ina luí ar an talamh agus níl ach crann amháin in aice leis. Tá fearg orm nach bhfuil an t-ainmhí saor ina áit dúchais féin, sna teochreasa.

Ceist 7

An maith leat an dán? Cuir fáthanna le do thuairim.

Freagra:

Is maith liom an dán seo ach tá sé brónach. Is maith liom é mar cuireann sé mé ag smaoineamh faoi ainmhithe agus faoi zúnna. Bhí ainmhí fiáin, saor agus sásta sna teochreasa. Bhí sé bródúil as féin:

> 'A bhfuil cliú agus cáil
> Ar mo scéimh.'

Nuair a bhí sé saor bhí sé lán le fuinneamh agus bhí suim aige sa saol.

Anois tá sé i ngéibheann sa zú. Caitheann sé gach lá ina luí ar an talamh. Níl suim aige in aon rud agus níl fuinneamh aige:

> 'luím síos
> agus breathnaím trí leathshúil
> ar an gcrann aonraic sin thall'

Is maith liom an dán mar tá sé suimiúil agus tá trua agam don ainmhí tar éis an dán a léamh.

Ceist 8

Tabhair cuntas ar phríomhsmaointe an dáin agus ar íomhá amháin sa dán a thaitin nó nár thaitin leat.

Freagra:

Tá ainmhí i ngéibheann sa zú. Uair amháin bhí sé saor sna teochreasa agus nuair a bhí sé ann bhí sé lán le fuinneamh agus bródúil as féin. Bhí sé ag búiríl gach lá agus ag cur eagla ar na hainmhithe eile. Anois tá sé sa zú. Níl sé saor. Tá brón an domhain air agus níl suim aige in aon rud. Caitheann sé gach lá ina luí ar an talamh. Ní bhíonn sé ag búiríl a thuilleadh. Tá fearg ar an bhfile Caitlín Maude go bhfuil an t-ainmhí bocht sa zú.

Níor thaitin an íomhá den ainmhí ina luí ar an talamh liom. Caitheann sé an lá ag féachaint ar chrann amháin agus níl suim aige in aon rud. Ceapaim go bhfuil sé brónach nach bhfuil an t-ainmhí saor amuigh sna teochreasa, ag búiríl agus ag rith timpeall.

Checklist – can you answer the following questions?

Remember

Remember to learn and use phrases from the beginning of this section when attempting the exercises below.

Le Foghlaim

Cad é téama an dáin?	*What is the theme of the poem?*
Céard iad na híomhánna atá sa dán?	*What are the images in the poem?*
Cén úsáid a bhaineann an file as an gcodarsnacht sa dán?	*What use does the poet make of contrast in the poem?*
Cad é an mothúchán is láidre sa dán?	*What is the strongest emotion in the poem?*
Cén mothúchán a mhúscail an dán ionat féin?	*What emotion did the poem stir in you?*
Céard iad príomhsmaointe an dáin?	*What are the main ideas of the poem?*
An maith leat an dán seo?	*Do you like this poem?*

2 Colscaradh

Le *Pádraig Mac Suibhne*

Cúlra an dáin/Background to the poem

- This poem is about divorce. It is a sad poem.
- The husband wanted a traditional marriage – he wanted to live in his native place and raise a family there.
- The wife wanted a modern marriage – she wanted independence, wealth and to travel.
- Even though they both wanted love and affection they couldn't compromise and so they divorced.

An dán i d'fhocail féin/The poem in your own words

Foclóir ABC

An dán	I d'fhocail féin...
Shantaigh sé bean	Ba mhaith leis go mór a bheith pósta le bean,
i nead a chine,	iad ina gcónaí i dteach a shinsir
faoiseamh is gean	compord is grá
ar leac a thine,	i gcroí a thí féin
aiteas is greann	áthas is spórt
i dtógáil chlainne.	ag tógáil páistí.
Shantaigh sí fear	Ba mhaith léi go mór a bheith pósta le fear,
is taobh den bhríste,	is leath den údarás
dídean is searc	teach is grá
is leath den chíste,	is leath den airgead
saoire thar lear	dul ar laethanta saoire thar lear
is meas na mílte.	agus meas ó na sluaite.
Thángthas ar réiteach.	Tháinig siad ar shocrú.
Scaradar.	D'fhág siad a chéile.

Leagan Béarla/English version

He wanted a wife in the family nest,
Comfort and love
At the fireside
Fun and joy
In raising a family.

She wanted a husband
And half of the trousers
Shelter and love
And half of the cake,
Holidays abroad
And the respect of thousands.

They reached an agreement.
They divorced.

An file

- Pádraig Mac Suibhne a chum an dán seo.
- Rugadh é ar Ard an Rátha, Co. Dhún na nGall i 1942.
- Tá a shaol caite aige mar mhúinteoir iar-bhunscoile.
- Scríobhann sé gearrscéalta freisin.

You need to be able to discuss the following:

1. The theme of the poem.
2. The imagery used in the poem.
3. The emotions in the poem.
4. The metaphors in the poem.
5. The use of contrast in the poem.
6. Your own opinion about the poem.

Príomhsmaointe agus téama an dáin/ Main ideas and theme of the poem

Learn the sentences and phrases on the next page and you will be able to answer any questions on the poem.

Le Foghlaim

Is í an choimhlint téama an dáin seo	*Conflict is the theme of this poem*
Is é an brón téama an dáin seo	*Sadness is the theme of this poem*
Bhí an fear traidisiúnta	*The man was traditional*
Ba mhaith leis bean chéile agus clann	*He wanted a wife and a family*
Bhí an bhean neamhspleách	*The woman was independent*
Ba mhaith léi saibhreas agus taisteal	*She wanted wealth and travel*
Níor mhaith léi a bheith sa bhaile	*She didn't want to be at home*
Níor réitigh siad lena chéile	*They didn't get on*
Scar siad	*They separated*
Úsáideann an file meafair	*The poet uses metaphors*
Bhí mianta difriúla ag an bhfear is ag an mbean	*The man and woman had different desires/needs*
Bhí an fear dírithe ar an gclann agus ar an mbaile	*The man was focused on family and home*
Bhí an bhean dírithe ar rudaí taobh amuigh den bhaile	*The woman was focused on things outside the home*
Taispeánann na meafair na mianta difriúla a bhí ag an bhfear is ag an mbean	*The metaphors show the different needs the man and woman had*
Bhí na rudaí eile níos tábhachtaí	*The other things were more important*
Bhí rudaí difriúla ag teastáil uathu	*They wanted different things*
Níor mhaith léi a bheith ag tabhairt aire do pháistí	*She didn't want to look after children*
Tá brón mór sa dán seo	*There is great sadness in the poem*
Scar an bhean agus an fear	*The woman and man separated*
Tá díomá sa dán mar bhí siad i ngrá uair amháin	*There is disappointment in the poem because they were in love once*
Seasann 'nead a chine' don chlann agus don bhaile	*The 'family nest' stands for family and home*
Seasann 'taobh den bhríste' do neamhspleáchas	*'Half of the trousers' stands for independence*
Tá codarsnacht idir na mianta a bhí ag an bhfear agus ag an mbean	*There is a contrast between the needs of the man and the woman*
B'fhéidir go raibh siad leithleach	*Maybe they were selfish*

Ceisteanna scrúdaithe agus freagraí samplacha/ Exam questions and sample answers

Remember

Remember to quote lines from the poem if you can. The poem will be printed on the paper and it helps to reinforce your answer.

Ceist 1

Inis, *i d'fhocail féin*, cad a bhí ag teastáil ón bhfear?

Freagra:

Bhí bean chéile, grá, clann agus an bhean ag tabhairt aire do na páistí ag teastáil ón bhfear.

Ceist 2

Inis, *i d'fhocail féin*, cad a bhí ag teastáil ón mbean?

Freagra:

Bhí fear céile, grá, neamhspleáchas agus airgead ag teastáil ón mbean.

Ceist 3

Cén réiteach a bhí ag an lánúin?

Freagra:

Ní raibh an bhean agus an fear ábalta fanacht le chéile mar bhí a lán fadhbanna acu agus mar sin d'fhág siad a chéile. Scar siad.

Ceist 4

Cé acu is fearr leat, an bhean nó an fear?

Freagra:

Is fearr liom an fear. Tá rudaí traidisiúnta ag teastáil uaidh. Ba mhaith leis bean chéile agus clann. Cheap sé go mbeadh sé sona le clann ina theach féin. Is maith liom na mianta a bhí aige:

> 'aiteas is greann i dtógáil chlainne.'

Nó

Is fearr liom an bhean. Tá sí neamhspleách agus ba mhaith léi taisteal agus a bheith ag obair. Is maith liom í mar tá sí nua-aimseartha:

> 'Saoire thar lear is meas na mílte'

Ceist 5

Déan cur síos ar théama an dáin seo.

Freagra:

Is é an brón téama an dáin seo. Bhí fear agus bean pósta ach scar siad. Bhí rudaí difriúla ag teastáil uathu. Bhí pósadh traidisiúnta ag teastáil ón bhfear. Ba mhaith leis clann agus a bhean sa bhaile leis na páistí: 'shantaigh sé bean i nead a chine.'

Ba mhaith leis an mbean pósadh nua-aimseartha – a cuid airgid féin: 'leath den chíste' agus ba mhaith léi taisteal 'saoire thar lear.'

Tá brón sa dán mar go raibh an bheirt pósta agus i ngrá uair amháin ach níor réitigh siad na fadhbanna (problems) agus fuair siad colscaradh.

Ceist 6

Déan cur síos ar an úsáid a bhaineann an file as codarsnacht sa dán.

Freagra:

Tá codarsnacht shoiléir (clear) idir na rudaí a bhí ag teastáil ón bhfear agus ón mbean. Bhí pósadh nua-aimseartha ag teastáil ón mbean – ba mhaith léi a bheith neamhspleách agus taisteal a dhéanamh. Níor mhaith léi fanacht sa bhaile ag tabhairt aire do pháistí.

> 'Saoire thar lear
> Is meas na mílte'

Ba mhaith leis an bhfear fanacht ina áit dúchais (native place) 'i nead a chine' lena bhean agus lena pháistí. Ní raibh suim aige dul ag taisteal mar a bhí ag an mbean.

Toisc (because) go raibh an chodarsnacht chomh mór sin idir an bhean agus an fear, scar siad.

Ceist 7

Cad atá i gceist ag an bhfile sna línte seo?

> 'Shantaigh sí fear
> Is taobh den bhríste
> Dídean is searc
> Is leath den chíste'

Freagra:

Ba mhaith leis an mbean a bheith neamhspleách. Seasann an meafar 'taobh den bhríste' don phósadh nua-aimseartha agus seasann 'leath den chíste' don neamhspleáchas. Ba mhaith léi grá freisin ach bhí na rudaí eile níos tábhachtaí.

Ceist 8

An maith leat an dán seo? Cuir fáthanna le do fhreagra.

Freagra:

Ní maith liom an dán seo. Ceapaim go bhfuil sé an-bhrónach. Bhí rudaí difriúla ag teastáil ón bhfear agus ón mbean agus mar sin scar siad. Ba mhaith leis an bhfear pósadh traidisiúnta, bean chéile agus clann ina gcónaí ina áit dúchais:

'aiteas is greann
i dtógáil chlainne'

Ach ba mhaith leis an mbean dul ag taisteal thar lear.

'saoire thar lear'

Tá sé brónach mar níl a lán ráite sa dán faoin ngrá. Bhí a mianta ní ba thábhachtaí ná an grá. Ceapaim go bhfuil sé brónach nár réitigh siad le chéile agus gur scar siad sa deireadh.

Checklist – can you answer the following questions?

Remember

Remember to learn and use phrases from the beginning of this section when attempting the exercises below.

Le Foghlaim

Cad é téama an dáin seo?	*What is the theme of the poem?*
Céard iad na meafair atá sa dán?	*What are the metaphors in the poem?*
Cén úsáid a bhaineann an file as codarsnacht sa dán?	*What use does the poet make of contrast in the poem?*
Cad iad príomhsmaointe an dáin seo?	*What are the main ideas of the poem?*
Cad é an mothúchán is láidre sa dán?	*What is the strongest emotion in the poem?*

3 Mo Ghrá-sa (idir lúibíní)

Le *Nuala Ní Dhomhnaill*

Cúlra an dáin/Background to the poem

- This is a love poem with a difference.
- The poet is in love but her love is not handsome.
- He does not have nice eyes or hair but the poet doesn't care.
- She knows that physical beauty is not as important as the qualities of a person.
- Her love is kind and generous to her.
- Long ago, love poems were full of praise for the beauty of the loved one.
- The loved one was compared to flowers and things of nature.
- The poet is mocking the old poems. She thinks they put too much emphasis on beauty and not enough on the character of the person.

An dán i d'fhocail féin/The poem in your own words

Foclóir ABC

An dán	I d'fhocail féin...
Níl mo ghrá-sa	Níl mo stór
mar bhláth na n-airní	Chomh hálainn le bláthanna na n-airní
a bhíonn i ngairdín	A bhíonn ag fás i ngairdín
(nó ar chrann ar bith)	Nó a fhásann in áit ar bith
is má tá aon ghaol aige	Agus má tá aon bhaint aige
le nóiníní	le nóiníní
is as a chluasa a fhásfaidh siad	Fásfaidh siad as a chorp
(nuair a bheidh sé ocht dtroigh síos).	Nuair a bheidh sé marbh sa talamh.
Ní haon ghlaise cheolmhar iad a shúile	Agus níl a shúile glas agus ceolmhar
(táid róchóngarach dá chéile	Tá siad róghar dá chéile
ar an gcéad dul síos)	ar aon nós
is más slim é síoda	Agus níl a chuid gruaige cosúil le síoda
tá ribí a ghruaige	Tá a chuid gruaige cosúil le sreang dheilgneach

(mar bhean dhubh Shakespeare)	Cosúil leis an mbean
ina wire deilgní.	sa dán ag Shakespeare.
Ach is cuma sin.	Ach níl sé sin tábhachtach.
Tugann sé dom Úlla	Tugann sé úlla dom
(is nuair a bhíonn sé i ndea-ghiúmar caora fíniúna).	agus tugann sé caora finiúna dom nuair a bhíonn aoibh mhaith air

Leagan Béarla/English version

My love is not like
the flowers of the sloe
that grow in a garden
(nor on any tree for that matter).

And if he has anything to do
with daisies
it's out of his ears that they will grow
(when he's eight feet under the ground).

His eyes aren't green or musical
(they're too close together
in the first place)

and if silk is smooth
his hair is like barbed wire
(like the woman in the Shakespeare poem).

But that doesn't matter.
He gives me apples
(and grapes when he's in a good humour).

An file

- Nuala Ní Dhomhnaill a scríobh an dán seo.
- Rugadh sa bhliain 1951 i Sasana í ach tógadh le Gaeilge in Aonach Urmhumhan, Co. Thiobraid Árann í.
- Rinne sí staidéar ar an nGaeilge agus ar an mBéarla i gColáiste na hOllscoile, Corcaigh.
- Léann daoine a dánta ar fud an domhain ina lán teangacha *(languages)* difriúla.

You need to be able to discuss the following:

1. The theme of the poem.
2. The imagery used in the poem.
3. The emotions in the poem.
4. The metaphors in the poem.
5. The use of contrast in the poem.
6. Your own opinion about the poem.

Príomhsmaointe agus téama an dáin/ Main ideas and theme of the poem

Top Tip!

Learn the following sentences and phrases and you will be able to answer any questions on the poem.

Le Foghlaim

Is é an grá téama an dáin seo	*Love is the theme of this poem*
Tá an dán grá seo difriúil	*This love poem is different*
Níl grá an fhile dathúil	*The poet's love isn't handsome*
Níl sé álainn ná foirfe	*He's not beautiful or perfect*
Níl sé cosúil le bláthanna	*He's not like the flowers*
Níl súile deasa aige	*He doesn't have nice eyes*
Tá a shúile róghar dá chéile	*His eyes are too close together*
Níl a chuid gruaige go deas	*His hair isn't nice*
Tá a chuid gruaige cosúil le sreang dheilgneach	*His hair is like barbed wire*
Molann an file a grá	*The poet praises her love*
Tá an fear fial flaithiúil	*The man is generous*
Tá an fear cneasta	*The man is kind*
Tugann sé aire don fhile	*He looks after the poet*
Tuigeann an file go bhfuil na rudaí sin níos tábhachtaí ná cuma an duine	*The poet understands that those things are more important than a person's appearance*
Tá an file ag magadh faoi na seandánta grá	*The poet is mocking the old love poems*
Sna seandánta grá bhí an grá álainn agus foirfe	*In the old love poems the loved one was beautiful and perfect*

Bhí béim ar chuma an duine	*There was an emphasis on the appearance of the person*
Úsáideann an file meafair sa dán	*The poet uses metaphors in the poem*
Seasann na húlla agus na caora fíniúna don aire a thugann an fear don fhile	*The apples and grapes represent the way the man looks after the poet*
Tá carachtar an duine níos tábhachtaí	*A person's character is more important*
Tá frustrachas ar an bhfile	*The poet is frustrated*
Bhí na seandánta amaideach	*The old poems were silly*
Tá greann sa dán seo nuair atá an file ag caint faoina fear	*There is humour in the poem when she is talking about her man*

Ceisteanna scrúdaithe agus freagraí samplacha/ Exam questions and sample answers

Remember

Remember to quote lines from the poem if you can. The poem will be printed on the paper and it helps to reinforce your answer.

Ceist 1

Inis, *i d'fhocail féin*, na rudaí a deir an file faoin nádúr agus faoina grá.

Freagra:

Deir an file nach bhfuil a grá cosúil leis na hairní agus nach bhfuil sé cosúil leis na nóiníní ach oiread. Níl a shúile cosúil le sruthán a dhéanann ceol deas.

Ceist 2

Cad a deir an file faoi ghruaig a grá?

Freagra:

Deir sí nach bhfuil gruaig dheas air, go bhfuil a chuid gruaige cosúil le sreang dheilgneach.

Ceist 3

Cén chaoi a molann an file a grá?

Freagra:

Deir an file go bhfuil a grá fial flaithiúil agus go bhfuil sé cneasta léi. Tugann sé aire di. Seasann na húlla agus na caora fíniúna do na tréithe sin (traits).

Ceist 4

Cad é téama an dáin seo?

Freagra:

Is é an grá téama an dáin seo. Tá an file i ngrá le fear deas cneasta. Níl a fear dathúil ná foirfe.

> 'Níl mo ghrá-sa
> Mar bhláth na n-airní'

Ach tugann a grá aire di. Tá sé fial agus deas leis an bhfile.

> 'Tugann sé dom úlla.'

Tá an file ag magadh faoi na seandánta grá. Sna dánta sin bhí an grá álainn agus foirfe. Níor mhaith le Nuala Ní Dhomhnaill an bhéim a bhí air sin. Taispeánann sí sa dán seo go bhfuil carachtar an duine níos tábhachtaí ná a chuma.

Ceist 5

Luaigh *dhá* íomhá (pictiúr) atá sa dán. Déan cur síos *i d'fhocail féin* ar an dá íomhá sin sa dán.

Freagra:

> 'Tá ribí a ghruaige
> (mar bhean dhubh Shakespeare)
> ina wire deilgní'

Tá an file ag rá go bhfuil gruaig a grá cosúil le sreang dheilgneach. Níl sé dathúil in aon chor.

Scríobh Shakespeare dán fadó agus dúirt sé go raibh gruaig a ghrá cosúil le sreang dheilgneach freisin.

> 'Tugann sé dom úlla
> (is nuair a bhíonn sé i ndea-ghiúmar caora fíniúna)'

Seasann na húlla agus na caora fíniúna don aire a thugann a grá don fhile. Tá a grá cneasta agus fial leis an bhfile, rudaí atá níos tábhachtaí ná cuma an duine.

Ceist 6

Luaigh *dhá* mhothúchán atá sa dán. Déan cur síos *i d'fhocail féin* ar an dá mhothúchán sin sa dán.

Freagra:

Tá grá agus frustrachas sa dán seo. Tá an file i ngrá agus molann sí a fear sa dán. Níl a grá dathúil, níl súile deasa aige. Ach tá a fear cneasta agus fial, rudaí atá níos tábhachtaí.

> 'Tugann sé dom úlla'

Tá frustrachas ar an bhfile leis na seandánta grá. Chuir na dánta sin béim ar chuma an duine agus níor mhaith leis an bhfile é sin. Ceapann sí go raibh na dánta sin amaideach. Ceapann an file go bhfuil carachtar an duine níos tábhachtaí ná cuma an duine.

Ceist 7

Ar thaitin an dán leat? Cuir fáthanna le do thuairim.

Freagra:

Thaitin an dán liom. Tá an file ag magadh faoi na seandánta grá. Chuir na dánta sin béim ar chuma an duine.

'Ní haon ghlaise cheolmhar iad a shúile'

Níor chuir siad béim ar charachtar an duine. Ceapann an file go bhfuil carachtar an duine níos tábhachtaí ná aon rud.

'Tugann sé dom úlla.'

Tá greann sa dán freisin. Ceapaim go bhfuil an íomhá den ghruaig greannmhar nuair a deir an file go bhfuil gruaig a grá cosúil le sreang dheilgneach.

Ceist 8

Tabhair cuntas ar phríomhsmaointe an dáin agus ar íomhá amháin sa dán a thaitin nó nár thaitin leat.

Freagra:

Tá an file ag magadh faoi na seandánta grá. Chuir na dánta sin béim ar chuma an duine. Bhí ar an duine a bheith dathúil agus foirfe, cosúil le bláthanna.

Tá carachtar an duine níos tábhachtaí ná a c(h)uma. Níl grá an fhile dathúil ach tá sé cneasta agus fial leis an bhfile.

Thaitin an íomhá den ghruaig liom. Tá greann san íomhá sin. Tá an file ag rá nach bhfuil a grá dathúil in aon chor. Tá sé greannmhar nuair a deir an file go bhfuil a chuid gruaige cosúil le sreang dheilgneach.

Checklist – can you answer the following questions?

Remember

Remember to learn and use phrases from the beginning of this section when attempting the exercises below.

Le Foghlaim

Cad é téama an dáin?	*What is the theme of the poem?*
Céard iad na híomhánna atá sa dán?	*What are the images in the poem?*
Cad é cúlra an dáin?	*What is the background of the poem?*
Cad é an mothúchán is láidre sa dán?	*What is the strongest emotion in the poem?*
Cén mothúchán a mhúscail an dán ionat féin?	*What emotion did the poem stir in you?*
Céard iad príomhsmaointe an dáin?	*What are the main ideas of the poem?*
An maith leat an dán seo?	*Do you like this poem?*
Cad a deir an file faoi na seandánta grá?	*What does the poet say about the old love poems?*

4 An Spailpín Fánach

Cúlra an dáin/Background to the poem

- This is the poem of a poor wandering labourer, called a spailpín. In the poem the unknown poet talks about the hardship of his life.
- He was very poor and spent his days going from place to place looking for farm work.
- At the time in Ireland there were hiring fairs where men looking for work had to queue up and be inspected by the English landlords (or their representatives) to see if they were strong enough for the job. This was very humiliating for the spailpíní.
- The poem is set at the end of the eighteenth century when the French Revolution was taking place. The Irish were hoping for assistance from France to help get rid of the English.
- The spailpín in this poem would be happy to fight with the Croppies (the Irish revolutionaries) against the English.
- The poem is full of anger and shame. The poet hates the way people no better than him look down on him.

An dán i d'fhocail féin/The poem in your own words

Foclóir ABC

An dán	I d'fhocail féin...
Im spailpín fánach atáim le fada	Is oibrí mé le fada an lá ag dul ó áit go háit
ag seasamh ar mo shláinte,	Ag brath ar mo shláinte
ag siúl an drúchta go moch ar maidin	Bím amuigh ag siúl ar an bhféar fliuch ar maidin
's ag bailiú galair ráithe:	Agus tolgaim galair a leanann trí mhí;
ach glacfad fees ó rí na gcroppies,	Ach táim sásta dul ag obair do na croppies
cleith is píc chun sáite	Beidh píc is bata agam chun daoine a shá
's go brách arís ní ghlaofar m'ainm	Agus ní ghlaofaidh éinne spailpín fánach orm
sa tír seo, an spailpín fánach.	go deo arís sa tír seo.
Ba mhinic mo thriall go Cluain gheal Meala	Chuaigh mé go dtí Cluain Meala go minic
's as sin go Tiobraid Árann;	agus ansin go dtí Tiobraid Árann;
i gCiarraí na Siúire thíos do ghearrainn cúrsa leathan láidir;	bhain mé féar nó arbhar i gCiarraí na Siúire.
i gCallainn go dlúth 's mo shúiste im ghlaic	I gCallainn bhí mé ní b'fhearr ag baint
ag dul chun tosaigh ceard leo	ná na spailpíní eile
's nuair théim go Durlas 's é siúd bhíonn agam –	Agus aon uair a théim go dtí Durlas
'Sin chú'ibh an spailpín fánach!'	bíonn na daoine ag rá go bhfuil an spailpín ag teacht.
Go deo deo arís ní raghad go Caiseal	Ní rachaidh mé go dtí Caiseal arís choíche
ag díol ná ag reic mo shláinte	Ag cur mo shláinte i mbaol
ná ar mhargadh na saoire im shuí cois balla,	Agus ní bheidh mé ag an margadh hireála
im scaoinse im leataoibh sráide,	Fear ard tanaí i mo shuí ar thaobh na sráide
bodairí na tíre ag tíocht ar a gcapaill	Bithiúnaigh na tíre ag teacht ar a gcapaill
á fhiafraí an bhfuilim hireálta:	ag fiafraí an bhfuilim le hireáil
'téanam chun siúil, tá an cúrsa fada' –	'ar aghaidh leat, tá turas fada'
siúd siúl an spailpín fánach.	agus téann an spailpín ag siúl arís.

Leagan Béarla/English version

I've been a wandering labourer for a long time
Depending on my health
Walking through the dew early in the morning
And contracting illnesses that last for months;
I'd accept money from the leader of the croppies
A stick and pike to stab with
And never again in this country would I be called
A spailpín fánach.

I've often gone to cheerful Cluain Meala
And from there to Tiobraid Árann;
In Carraig na Siúire I used to cut grass and corn;
With my flail in my hand I was better at the work
Than others in Callainn
And when I go to Durlas this is what I hear
Here comes the spailpín fánach.

Never ever will I go again to Caiseal
Selling or wrecking my health
Nor sit beside a wall at the hiring fair,
A tall, thin man at the side of the road,
The louts of the country on their horses
Asking if I'm hired
'come on it's a long journey'
And here goes the spailpín fánach again.

An file

- Ní fios cé chum an dán seo.

You need to be able to discuss the following:

1. The theme of the poem.
2. The background of the poem.
3. The imagery used in the poem.
4. The emotions in the poem.
5. Your own opinion about the poem.

Príomhsmaointe agus téama an dáin/ Main ideas and theme of the poem

Top Tip!

Learn the following sentences and phrases and you will be able to answer any questions on the poem.

Le Foghlaim

Baineann an dán seo le náire agus fearg	*This poem deals with shame and anger*
Is é an brón (an fhearg/an náire) téama an dáin seo	*Sadness (anger/shame) is the theme of this poem*
Tá an spailpín beo bocht	*The spailpín is very poor*
Téann sé timpeall na tíre ag lorg oibre	*He goes around the country looking for work*
Téann sé ag obair go moch ar maidin	*He goes out working early in the morning*
Bíonn sé tinn go minic	*He is often sick*
Tá saol crua aige	*He has a hard life*
Is fuath leis an spailpín an saol atá aige	*The spailpín hates his life*
Bhí an spailpín ag obair ar fheirmeacha	*The spailpín worked on farms*
Bhí sé ag baint féir nó arbhair	*He cut hay or corn*
Bhí margaí hireála ar siúl fadó	*There used to be hiring fairs long ago*
Bhí náire ar an spailpín nuair a bhí sé ag an margadh hireála	*The spailpín was ashamed when he was at the hiring fair*
Bhí fearg air nuair a bhí na Sasanaigh ag féachaint air	*He was angry when the English were looking at him*
Má bhí sé láidir agus sláintiúil fuair sé obair	*If he was strong and healthy he got work*
Bhí daoine ag féachaint anuas air	*People used to look down on him*
B'fhuath leis na Sasanaigh	*He hated the English*
Ní raibh meas ag daoine ar an spailpín	*People didn't respect the spailpín*
Bhí náire ar an bhfile nuair a thug daoine spailpín air	*The poet was ashamed when people called him a spailpín*
Bhí an spailpín sásta dul ag troid i gcoinne na Sasanach	*The spailpín was prepared to fight against the English*
Ní raibh aon mheas ag an spailpín ar na Sasanaigh	*The spailpín had no respect for the English*

Ceisteanna scrúdaithe agus freagraí samplacha/ Exam questions and sample answers

Remember

Remember to quote lines from the poem if you can. The poem will be printed on the paper and it helps to reinforce your answer.

Ceist 1

Céard iad na háiteanna a raibh an spailpín ag obair?

Freagra:

Bhí an spailpín ag obair i gCluain Meala, i nDurlas, i Carraig na Siúire, i dTiobraid Árann, i gCalainn agus i gCaiseal.

Ceist 2

Cén obair a rinne an spailpín sna háiteanna sin?

Freagra:

Rinne an spailpín obair feirme. Bhí sé ag baint féir agus arbhair. Bhí an obair dian agus uaireanta bhí an spailpín tinn.

> 'i gCiarraí na Siúire thíos do ghearrainn
> cúrsa leathan láidir;'

Ceist 3

Cén fáth nár mhaith leis an spailpín a shaol?

Freagra:

Níor mhaith leis a shaol mar rinne sé obair dhian agus ní raibh meas ag aon duine air. Bhí sé beo bocht agus bhí sé ag obair ó dhubh go dubh (from morning till night). Bhí sé tinn go minic. Bhí náire ar an spailpín mar bhí na Sasanaigh ag féachaint anuas air. B'fhuath leis na Sasanaigh.

> 'Go deo deo arís ní raghad go Caiseal
> ag díol ná ag reic mo shláinte'

Ceist 4

Cad a tharla nuair a chuaigh an spailpín go Caiseal?

Freagra:

Bhí margadh hireálta ar siúl i gCaiseal. Bhí na spailpíní go léir ann agus tháinig na Sasanaigh ar a gcapaill ag féachaint ar na spailpíní. Má bhí na spailpíní láidir agus i mbarr na sláinte fuair siad post. Bhí náire an domhain ar na spailpíní ag na margaí seo.

Ceist 5

Céard iad na fadhbanna a bhí ag na spailpíní?

Freagra:

Bhí na spailpíní beo bocht agus bhí siad ag obair ar na feirmeacha. D'éirigh siad go luath ar maidin agus thaistil siad timpeall na tíre ag lorg oibre. Bhí siad tinn go minic. Ní raibh meas ag daoine orthu mar bhí siad bocht. Bhí na spailpíní an-mhíshásta lena saol.

> 'ag siúl an drúchta go moch ar maidin
> 's ag bailiú galair ráithe:'

Ceist 6

Céard ba mhaith leis an spailpín a dhéanamh?

Freagra:

Ba mhaith leis an spailpín dul ag troid chun na Sasanaigh a chur amach as an tír. B'fhuath leis an spailpín na Sasanaigh.

> 'ach glacfad fees ó rí na gcroppies,
> cleith is píc chun sáite'

Ceist 7

(i) Cad é téama an dáin seo?

Freagra (i)

Is iad an fhearg agus an náire téama an dáin seo. Bhí náire ar an spailpín go raibh air dul timpeall na tíre ag lorg oibre. Ní raibh meas ag aon duine air. B'fhuath leis an spailpín an saol a bhí aige.

> ''s go brách arís ní ghlaofar m'ainm
> sa tír seo, an spailpín fánach!'

Tá fearg air leis na Sasanaigh. Tá fearg air go bhfuil daoine ag féachaint anuas air. Ba mhaith leis dul ag troid chun na Sasanaigh a chur amach as an tír.

> 'ach glacfad fees ó rí na gcroppies,
> cleith is píc chun sáite'

(ii) Luaigh *dhá* íomhá (pictiúr) atá sa dán. Déan cur síos *i d'fhocail féin* ar an dá íomhá sin sa dán.

Freagra (ii):

Tá íomhá sa dán den spailpín ag dul amach go luath ag lorg oibre. Bíonn an drúcht ar an bhféar agus éiríonn an spailpín tinn go minic mar go mbíonn sé fuar agus fliuch go moch ar maidin (early in the day).

Tá íomhá eile den spailpín ag an margadh hireála. Bíonn sé ina shuí in aice leis an mballa agus tagann na Sasanaigh ag féachaint air. Má tá sé láidir agus sláintiúil gheobhaidh sé post.

(iii) Déan cur síos ar shaol an spailpín.

Freagra (iii):

Bhí an spailpín ag obair go dian. D'éirigh sé go moch ar maidin agus chuaigh sé timpeall na tíre ag lorg oibre.

'Ba mhinic mo thriall go Cluain gheal Meala
's as sin go Tiobraid Árann;'

Bhí sé ag obair ar fheirm – bhí sé ag baint féir nó arbhair.

Bhí air dul go dtí an margadh hireála agus tháinig na Sasanaigh ag féachaint air. Má bhí sé láidir agus sláintiúil fuair sé obair. Bhí sé tinn go minic.

'Ag díol ná ag reic mo shláinte'

(iv) Ar thaitin an dán leat? Cuir fáthanna le do thuairim.

Freagra (iv):

Thaitin an dán liom mar thug sé léargas (insight) maith ar shaol an spailpín. Bhí saol crua ag an spailpín ag dul timpeall na tíre ag lorg oibre. Bhí sé beo bocht agus bhí fearg air go raibh saol an spailpín aige.

Thaitin an íomhá liom den spailpín ag dul timpeall na tíre. Luaigh (mentioned) sé a lán áiteanna difriúla – Cluain Meala, Tiobraid Árann, Ciarraí na Siúire, Callainn, Durlas agus Caiseal.

Ceist 8:

Tabhair cuntas ar phríomhsmaointe an dáin agus ar íomhá amháin sa dán a thaitin nó nár thaitin leat.

Freagra:

Baineann an dán seo le saol an spailpín fadó in Éirinn. Bhí an spailpín beo bocht agus chuaigh sé timpeall na tíre ag lorg oibre. Rinne sé obair feirme, ag baint féir nó arbhair. Níor thaitin an saol sin leis an spailpín mar ní raibh meas ag aon duine air.

'bodairí na tíre ag tíocht ar a gcapaill
á fhiafraí an bhfuilim hireálta:'

Chuaigh sé go dtí an margadh hireála chun obair a fháil. Tháinig na Sasanaigh ag féachaint air agus má bhí sé láidir agus sláintiúil fuair sé obair. B'fhuath leis an spailpín an post seo agus bhí sé sásta troid i gcoinne na Sasanach.

'ach glacfad fees ó rí na gcroppies,
cleith is píc chun sáite'

Níor thaitin an íomhá den spailpín ag an margadh hireála liom. Tháinig na Sasanaigh ag féachaint air agus má bhí sé láidir agus sláintiúil thug siad obair dó. Bhí náire an domhain ar an spailpín ag an margadh hireála nuair a bhí daoine ag féachaint anuas air.

Checklist – can you answer the following questions?

Remember

Remember to learn and use phrases from the beginning of this section when attempting the exercises below.

Le Foghlaim

Cad é téama an dáin?	*What is the theme of the poem?*
Céard iad na híomhánna atá sa dán?	*What are the images in the poem?*
Cad é cúlra an dáin?	*What is the background of the poem?*
Déan cur síos ar shaol an spailpín.	*Describe the life of the spailpín.*
Cad é an mothúchán is láidre sa dán?	*What is the strongest emotion in the poem?*
Cén mothúchán a mhúscail an dán ionat féin?	*What emotion did the poem stir in you?*
Céard iad príomhshmaointe an dáin?	*What are the main ideas of the poem?*
An maith leat an dán seo?	*Do you like this poem?*

5 An tEarrach Thiar

Le *Máirtín Ó Direáin*

Cúlra an dáin/Background to the poem

- This poem is about spring on the Aran Islands. The poet Máirtín Ó Direáin was born and raised on Inis Mór, and in this poem he is remembering spring on the island.
- It is a gentle poem, full of happy memories of men and women working on the island in the spring.
- In the first verse he remembers a farmer digging in the heat of the day. He talks about another farmer gathering seaweed, in the second verse, and he remembers the red seaweed shining on the white beach. In the third verse he remembers the peaceful sight of the women gathering carraigín on the seashore. In the final verse he remembers the sound and the sight of the fishermen coming home at the end of the day.
- All of his memories are happy and positive. His love of island life is to be seen in every verse.

An dán i d'fhocail féin/The poem in your own words

Foclóir ABC

An dán	I d'fhocail féin...
Fear ag glanadh cré De ghimseán spáide	Tá fear ag glanadh cré dá spaid
Sa gciúnas shéimh I mbrothall lae	Tá sé ciúin agus te ar an oileán,
Binn an fhuaim	Tá an fhuaim sin go hálainn
San earrach thiar.	San earrach san iarthar.
Fear ag caitheamh Cliabh dá dhroim	Tá fear ag baint cliabh dá dhroim
Is an fheamainn dhearg	Agus tá an fheamainn dhearg
Ag lonrú	Ag soilsiú
I dtaitneamh gréine	Faoin ngrian
Ar dhuirling bháin.	Ar chladach bán.
Niamhrach an radharc	Is radharc lonrach é
San earrach thiar.	San earrach san iarthar.
Mná i locháin	Tá mná ina seasamh i bpoill uisce
In íochtar diaidh-thrá,	Ar an trá
A gcótaí craptha,	Tá a gcótaí fillte suas acu
Scáilí thíos fúthu:	Agus a scáilí le feiceáil san uisce
Támh-radharc síothach	Is radharc ciúin síochánta é
San earrach thiar.	San earrach san iarthar.
Toll-bhuillí fanna	Tá buillí ciúine
Ag maidí rámha	Ó na maidí rámha
Currach lán d'éisc	Tá na curracha lán d'éisc
Ag teacht chun cladaigh	Ag teacht i dtír
Ar ór-mhuir mhall	Ar an bhfarraige órga
I ndeireadh lae	Ag deireadh an lae
San earrach thiar.	San earrach san iarthar.

Leagan Béarla/English version

A man cleaning the clay from a spade
in the gentle silence in the heat of the day.
The sweet sound
of spring in the west.

A man emptying a basket from his back
And the red seaweed shining in the sunlight
On the white beach.
The bright sight
of spring in the west.

Women standing in pools on the beach,
their coats folded up and their reflections in the water:
The silent peaceful sight
of spring in the west.

The hollow gentle strokes
of the oars,
The boat full of fish coming ashore
on golden seas at the end of the day
in spring in the west.

An file

- Máirtín Ó Direáin a chum an dán seo.
- Rugadh ar Oileán Árann sa bhliain 1910 é.
- D'fhág sé an t-oileán agus chuaigh sé ag obair i nGaillimh nuair a bhí sé 18 mbliana d'aois.
- Chuaigh sé ag obair i mBaile Átha Cliath ina dhiaidh sin.
- Fuair sé bás i mBaile Átha Cliath sa bhliain 1988.

You need to be able to discuss the following:

1. The theme of the poem.
2. The imagery used in the poem.
3. The emotions in the poem.
4. The use of nature in the poem.
5. Your own opinion about the poem.

Príomhsmaointe agus téama an dáin/ Main ideas and theme of the poem

Top Tip!

Learn the following sentences and phrases and you will be able to answer any questions on the poem.

Le Foghlaim

Grá áite is téama don dán seo	*Love of place is the theme of this poem*
Rugadh agus tógadh an file ar Inis Mór	*The poet was born and raised on Inis Mór*
Tá ceithre íomhá sa dán seo	*There are four images in this poem*
Is cuimhin leis an saol ar an oileán nuair a bhí sé óg	*He remembers life on the island when he was young*
Tá an file ag caint faoin obair a rinne na daoine – ag cur fataí, ag baint feamainne agus carraigín agus ag iascach	*The poet is talking about the work the people did on the island – planting potatoes, gathering seaweed and carraigín, fishing*
Is cuimhin leis fuaim an fheirmeora ag obair sa pháirc	*He remembers the sound of the farmer working in the field*
Bhí an fhuaim sin go hálainn	*That sound was lovely*
Bhailigh na feirmeoirí feamainn san earrach	*The farmers collected seaweed in the spring*
Is cuimhin leis an fheamainn dhearg ag lonrú ar an trá bhán	*He remembers the red seaweed shining on the white beach*
Bhailigh na mná carraigín ar an trá san earrach	*The women gathered carraigín on the beach in spring*
Bhí an radharc sin ciúin agus síochánta	*That sight was quiet and peaceful*
Cloiseann sé na báid ag teacht ar ais san oíche ó lá ag iascach	*He hears the sound of the boats coming back at night from a day's fishing*
Bhí dath órga ar an bhfarraige	*The sea was golden*
Molann an file Inis Mór i ngach véarsa	*The poet praises Inis Mór in every verse*
Tá an dúlra le feiceáil i ngach véarsa	*Nature is in every verse*
Bhí na daoine agus an dúlra ag obair le chéile	*The people and nature worked together*

Tá áthas agus sonas sa dán	*There is happiness and contentment in the poem*
Cuireann na dathanna béim ar áilleacht an oileáin	*The colours emphasise the beauty of the island*
Cuireann na fuaimeanna béim ar chiúnas an oileáin	*The sounds emphasise the quietness of the island*
Is aoibhinn liom an dán seo	*I love this poem*
Is aoibhinn liom na fuaimeanna sa dán	*I love the sounds in the poem*
Is aoibhinn liom na híomhánna sa dán	*I love the images in the poem*

Ceisteanna scrúdaithe agus freagraí samplacha/ Exam questions and sample answers

Remember

Remember to quote lines from the poem if you can. The poem will be printed on the paper and it helps to reinforce your answer.

Ceist 1

Cén obair a rinne na fir ar an oileán?

Freagra:

Bhí na fir ag obair sna páirceanna ag cur barra. Bhain siad feamainn freisin agus chuaigh siad ag iascach.

Ceist 2

Cén obair a rinne na mná ar an oileán?

Freagra:

Bhailigh na mná feamainn freisin. Is féidir feamainn a chur ar an talamh agus is féidir carraigín a ithe.

Ceist 3

Céard iad na fuaimeanna éagsúla a bhí le cloisteáil ar an oileán?

Freagra:

Bhí fuaimeanna áille le cloisteáil ar an oileán. Dar leis an bhfile bhí na fuaimeanna binn agus síochánta. Bhí sé ciúin san earrach agus b'aoibhinn leis an bhfile na daoine a chloisteáil ag obair – na feirmeoirí ag cur agus ag bailiú feamainne, na mná ag baint carraigín agus na hiascairí ag teacht abhaile sna báid bheaga.

Ceist 4

Céard iad na dathanna atá le feiceáil ar an oileán?

Freagra:

Tá dath dearg le feiceáil nuair a bhíonn an ghrian ag taitneamh ar an bhfeamainn. Tá dath dearg ar an bhfeamainn ach bíonn sé níos deirge nuair a bhíonn an ghrian ag taitneamh air. Tá dath bán ar an trá agus tá an dá dhath, an dearg agus an bán, go hálainn lena chéile.

Tá dath órga le feiceáil ar an bhfarraige ag deireadh an lae nuair a bhíonn an ghrian ag dul faoi.

Ceist 5

Déan cur síos ar an íomhá atá sa cheathrú véarsa.

Freagra:

Tá an file ag caint faoi na hiascairí ag teacht abhaile san oíche sa véarsa seo. Tá an bád lán le hiasc. Tá dath órga ar an bhfarraige. Tá an radharc seo álainn agus síochánta.

> 'Currach lán d'éisc
> Ag teacht chun cladaigh
> Ar ór-mhuir mhall'

Ceist 6

Cad atá i gceist ag an bhfile sna línte seo?

> 'Fear ag caitheamh
> Cliabh dá dhroim
> Is an fheamainn dhearg
> Ag lonrú
> I dtaitneamh gréine
> Ar dhuirling bháin'

Freagra:

Fadó bhailigh na feirmeoirí feamainn le cur ar an talamh. Is cuimhin leis an bhfile an fheamainn dhearg ag taitneamh ar an trá bhán. Thaitin na dathanna sin leis an bhfile. Bhí an chodarsnacht (contrast) idir na dathanna go deas.

Ceist 7

Cad é téama an dáin seo?

Freagra:

Is é an grá áite téama an dáin seo. Rugadh agus tógadh an file in Inis Mór agus tá grá mór aige don oileán. Tá áthas air ag smaoineamh ar an saol ar an oileán. Is cuimhin leis na feirmeoirí ag obair, na mná ag bailiú carraigín agus na hiascairí ag iascach. Tá an grá le feiceáil sna focail 'binn an fhuaim', 'támh-radharc síothach'. Bhí saol sona ag na daoine agus ní raibh brú orthu.

Ceist 8

An maith leat an dán seo? Cuir fáthanna le do fhreagra.

Freagra:

Is aoibhinn liom an dán seo. Is aoibhinn liom an íomhá den fheirmeoir ag obair, ag cur fataí b'fhéidir agus ansin ag bailiú feamainne le cur ar an talamh.

'Fear ag glanadh cré
De ghimseán spáide
Sa gciúnas shéimh'

Is aoibhinn liom na dathanna atá sa dán – dath bán, dearg agus órga. Bhí an t-oileán go hálainn san earrach agus bhí sé ciúin agus síochánta ann.

Checklist – can you answer the following questions?

Remember

Remember to learn and use phrases from the beginning of this section when attempting the exercises below.

Le Foghlaim

Cad é téama an dáin seo?	*What is the theme of the poem?*
Céard iad na híomhánna atá sa dán?	*What are the images in the poem?*
Cén úsáid a bhaineann an file as dathanna sa dán?	*What use does the poet make of colours in the poem?*
Cén úsáid a bhaineann an file as fuaimeanna sa dán?	*What use does the poet make of sounds in the poem?*
Cad iad príomhsmaointe an dáin seo?	*What are the main ideas of the poem?*
Cad é an mothúchán is láidre sa dán?	*What is the strongest emotion in the poem?*

9 Béaltriail/Oral Irish Exam

Learning objectives

In this chapter you will learn about:

1. Useful phrases and vocabulary that relate specifically to the oral Irish exam
2. Exam tips on how to approach the oral Irish exam

Exam guidelines

In the Leaving Certificate Irish exam the marks are divided as follows:

Written exam: Paper 1 and Paper 2	**300 marks**
Oral exam	**240 marks**
Aural exam	**60 marks**
Total	**600 marks**

- The Oral Irish component of the Leaving Certificate exam represents **40 per cent** of the total Leaving Certificate Irish mark.
- The exam should last for 13–15 minutes.
- All exams will be recorded by the examiner to allow the Department of Education and Skills to monitor the exam.
- The oral exam is divided into four sections:

(i)	greeting	**5 marks**
(ii)	poetry reading	**35 marks**
(iii)	series of pictures	**80 marks**
(iv)	conversation	**120 marks**
	Total	**240 marks**

- Long-term, comprehensive preparation is essential.
- Study one major heading per week and prepare sample answers on each topic.
- Prepare sample answers on all the questions contained in this section and keep them in a special notebook for revision.

Exam techniques: Beannú/Greeting (5 marks)

You will be required to give your name, age, date of birth, address and exam number, IN IRISH, to the examiner. Fill out the following table:

Ainm	
Aois	
Dáta breithe	
Seoladh	
Scrúduimhir	

Exam techniques: Poetry reading (35 marks)

- After the Beannú, you will then be asked to read lines from one of the five poems on the course.
- **Prepare one of the five set poems per week** between September and January. Read the same poem each night and write the phonetic spellings above the difficult words to help you with pronunciation.
- If you follow this plan, you will be able to concentrate on the main components of the exam, i.e. the series of pictures and the conversation, in the weeks approaching the oral exam.

Exam techniques: Sraith pictiúr/Picture series (80 marks)

The Department of Education and Skills has sent out 20 sets of pictures. You will be asked questions on **one** of them at the exam. It is vital that you study the pictures really closely as **80 marks** will be awarded for this section. Choose one set of pictures a week and learn the vocabulary that goes with it. This section of the exam will last about 4 minutes.

Exam techniques: Comhrá/Conversation (120 marks)

This is the final part of the oral Irish exam and will last about 6/8 minutes. There are 120 marks allocated to this section. Learn the vocabulary that follows and you will be well prepared for this section.

Ábhair thábhachtacha/Important subjects

Le Foghlaim

	Ábhair thábhachtacha	Important subjects
1	Mo shaol agus mo chairde	*My life and my friends*
2	Mo cheantar	*My area*
3	Mo shaol scoile	*My school life*
4	Caitheamh aimsire	*Pastimes*
5	Spórt	*Sport*
6	Laethanta saoire	*Holidays*
7	An Ghaeltacht	*The Gaeltacht*
	An Ghaeilge	*Irish*
	TG4	*TG4*
8	An Aimsir Fháistineach	*The Future Tense*
	An Modh Coinníollach	*The Conditional Mood*
9	Ceisteanna agus freagraí	*Questions and answers*
10	Samplaí	*Examples*

This section provides notes on the key topics listed above. The following headings are used to prepare each topic:

1. Sample questions on this topic.
2. Important vocabulary to learn.
3. Key verbs in the present/past tense.

Remember

Remember to practise reading the poems. Read one poem every night and soon you will gain confidence.

Topic 1: Mo shaol agus mo chairde/My life and my friends

1

Foclóir

Cad is ainm duit?	*What is your name?*
Cén aois tú?	*What age are you?*
Déan cur síos ort féin	*Describe yourself*
Cé mhéad duine atá sa teaghlach?	*How many are in the family?*
Déan cur síos ar do theaghlach	*Describe your family*
Ainmnigh do chairde scoile	*Name your school friends*

2 Tá mé...

Foclóir

Sé bliana déag d'aois	*16 years old*
Seacht mbliana déag d'aois	*17 years old*
Ocht mbliana déag d'aois	*18 years old*
Naoi mbliana déag d'aois	*19 years old*

Tá mé ard	*I am tall*
Tá mé beag	*I am small*

Gruaig dhubh atá orm	*I have black hair*
Gruaig dhonn atá orm	*I have brown hair*
Gruaig fhionn atá orm	*I have blonde hair*
Gruaig rua atá orm	*I have red hair*

Tá mé cúig troithe trí horlaí	*I am 5' 3"*
Tá mé cúig troithe seacht n-orlaí	*I am 5' 7"*
Tá mé sé troithe	*I am 6'*

Tá mo shúile gorm	*My eyes are blue*
Tá mo shúile donn	*My eyes are brown*
Tá mo shúile glas	*My eyes are green*

Is aoibhinn liom an teilifís	*I love the TV*
Is fuath liom staidéar	*I hate study*
Is maith liom an phictiúrlann	*I like the cinema*
Ní maith liom obair bhaile	*I don't like homework*

Tá triúr i mo theaghlach	*There are three in my family*
Tá ceathrar i mo theaghlach	*There are four in my family*
Tá cúigear i mo theaghlach	*There are five in my family*
Tá seisear i mo theaghlach	*There are six in my family*

Deartháir	*Brother*	Deirfiúr	*Sister*
Tuismitheoir	*Parent*	Col ceathair	*Cousin*
Athair	*Father*	Máthair	*Mother*

3

Foclóir ABC

Téim	*I go*	Déanaim	*I make/I do*
Féachaim	*I watch*	Faighim	*I get*
Imrím	*I play*	Buailim le	*I meet with*
Tógaim	*I take*	Tosaím	*I start*

4

Is mise Seán de Paor. Tá mé ocht mbliana déag d'aois. Gruaig dhubh atá orm agus tá mo shúile gorm. Tá mé cúig troithe naoi n-orlaí. Is aoibhinn liom ceol agus scannáin.

5

Is mise Órlaith Ní Dhuinn. Tá mé seacht mbliana déag d'aois. Tá mé ard, cúig troithe seacht n-orlaí. Gruaig fhionn atá orm. Tá mo shúile glas. Is maith liom dul amach le mo chairde. Is fuaith liom an teilifís. Tá deirfiúr amháin agam, Máiréad an t-ainm **atá uirthi.**

Topic 2: Mo cheantar/My area

1

(a) Cá bhfuil tú i do chónaí?
(b) Céard iad na seomraí i do theach?
(c) Ainmnigh an seomra is fearr leat sa teach.
(d) Céard a dhéanann daoine óga sa cheantar?
(e) Ainmnigh na siopaí sa cheantar.
(f) Céard iad na háiseanna i d'áit chónaithe?

2

Teach scoite	*Detached house*	Teach leathscoite	*Semi-detached house*
Bungaló	*Bungalow*	Teach sraithe	*Terraced house*
Árasán	*Apartment*	Teach trí urlár	*Three-storey house*

Cistin	*Kitchen*	Halla	*Hall*
Seomra suí	*Sitting room*	Seomra bia	*Dining room*
Seomra folctha	*Bathroom*	Seomra leapa	*Bedroom*
Seomra teilifíse	*TV room*	Áiléar	*Attic*

Beag	*Small*	Mór	*Big*
Fairsing	*Wide*	Cúng	*Narrow*

In aice	*Beside*	Os comhair	*In front of*
Taobh thiar de	*Behind*	Ag barr	*At the top*

Bruachbhaile	*Suburb*	Sráidbhaile	*Village*
Cathair	*City*	Baile	*Town*

Pictiúrlann	*Cinema*	Ollmhargadh	*Supermarket*
Óstán	*Hotel*	Bialann	*Restaurant*
Linn snámha	*Swimming pool*	Scoil	*School*
Teach tábhairne	*Pub*	Ionad sláinte	*Health centre*
Monarcha	*Factory*	Ospidéal	*Hospital*

Ciúin	*Quiet*	Baolach	*Dangerous*
Glórach	*Noisy*	Síochánta	*Peaceful*

Ar imeall an bhaile	*On the outskirts of the town*
I lár na cathrach	*In the centre of the city*
Lasmuigh den bhaile	*Outside the town*
San eastát tithíochta	*In the housing estate*

3

Cónaím	*I live*	Siúlaim	*I walk*
Codlaím	*I sleep*	Ithim	*I eat*
Rothaím	*I cycle*	Ceannaím	*I buy*
Buailim le	*I meet with*	Íocaim	*I pay*

Topic 3: Mo shaol scoile/My school life

1

(a) Cén t-ábhar scoile is fearr leat?
(b) Cé mhéad ábhar atá á ndéanamh agat?
(c) Déan cur síos ar an scoil.
(d) Céard iad na háiseanna atá ar fáil i do scoilse?
(e) Ainmnigh an príomhoide.
(f) Conas a thagann tú ar scoil gach lá?
(g) Cén t-am a thosaíonn na ranganna?

2

Foclóir ABC

Aon ábhar	*One subject*	Dhá ábhar	*Two subjects*
Trí ábhar	*Three subjects*	Ceithre ábhar	*Four subjects*
Cúig ábhar	*Five subjects*	Sé ábhar	*Six subjects*
Seacht n-ábhar	*Seven subjects*	Ocht n-ábhar	*Eight subjects*

Gaeilge	*Irish*	Béarla	*English*
Matamaitic	*Maths*	Fraincis	*French*
Stair	*History*	Gearmáinis	*German*
Bitheolaíocht	*Biology*	Ceol	*Music*
Staidear Gnó	*Business studies*	Fisic	*Physics*
Ceimic	*Chemistry*	Eacnamaíocht	*Economics*
Tíos	*Home economics*	Corpoideachas	*PE*

Saotharlann	*Laboratory*	Leabharlann	*Library*
Seomra ealaíne	*Art room*	Halla spóirt	*Sports hall*
Seomra tíreolaíochta	*Geography room*	Oifig	*Office*
Seomra ceoil	*Music room*	Cistin	*Kitchen*

Príomhoide	*Principal*	Múinteoir	*Teacher*
Leas-phríomhoide	*Vice-principal*	Dalta	*Student*

Meánscoil	*Secondary school*	Rúnaí	*Secretary*
Scoil phobail	*Community school*	Rialacha	*Rules*

An t-ábhar is fearr liom ná Gaeilge	*The subject I like best is Irish*
Is aoibhinn liom Béarla	*I love English*
Tá tíreolaíocht deacair	*Geography is difficult*
Ní maith liom mata	*I don't like maths*

3

Rothaím	*I cycle*	Faighim	*I get*
Tagaim	*I come*	Freastalaím	*I attend*
Foghlaimím	*I learn*	Éistim	*I listen*
Scríobhaim	*I write*	Léim	*I read*

Topic 4: Caitheamh aimsire/Pastimes

1

(a) Ainmnigh na caithimh aimsire atá agat.
(b) An maith leat an teilifís?
(c) Ainmnigh an clár teilifíse is fearr leat.
(d) An seinneann tú uirlis ceoil?
(e) An raibh tú riamh ag ceolchoirm?
(f) An maith leat a bheith ag léamh?
(g) An dtéann tú chuig an bpictiúrlann go minic?
(h) Cé hé an ceoltóir/t-amhránaí is fearr leat?
(i) Cá dtéann tú nuair a théann tú amach le do chairde?

2

Foclóir ABC

Clár cainte	*Talk show*	Clár spóirt	*Sports show*
Clár fáisnéise	*Documentary*	Scannán	*Film*
An nuacht	*The news*	Drámaíocht	*Drama*

Amhránaí	*Singer*	Conradh	*Contract*
Ticéad	*Ticket*	Lucht leanúna	*Fans*

Ceolchoirm	*Concert*	Ceol	*Music*
Dlúthcheirnín	*CD*	Siopa ceoil	*Music shop*
Ag screadaíl	*Screaming*	Slua mór	*Big crowd*
Pianó	*Piano*	Giotar	*Guitar*
Méarchlár	*Keyboard*	Drumaí	*Drums*
Bodhrán	*Bodhrán*	Veidhlín	*Violin*

Ríomhaire	*Computer*	Cluichí	*Games*
An luch	*The mouse*	Bogearraí	*Software*
An t-idirlíon	*The internet*	Comhad	*File*
Ríomhphost	*E-mail*	Suíomh	*Site*

Beoga	*Lively*	Greannmhar	*Funny*
Foréigneach	*Violent*	Uafásach	*Terrible*
Dáiríre	*Serious*	Réadúil	*Realistic*

3

Foclóir ABC

Seinnim	*I play (musical instrument)*	Imrím	*I play*
Canaim	*I sing*	Éistim	*I listen*
Caithim	*I spend*	Rithim	*I run*
Críochnaím	*I finish*	Téim	*I go*

Topic 5: Spórt/Sport

1

(a) An maith leat spórt?
(b) Cén spórt a imríonn tú?
(c) An bhfuil tú ar fhoireann na scoile?
(d) Cathain a bhíonn traenáil agat?
(e) An bhféachann tú ar spórt ar an teilifís?
(f) An bhfaca tú na Cluichí Oilimpeacha?
(g) Ainmnigh an réalt spóirt is fearr leat.
(h) An raibh tú riamh i bPáirc an Chrócaigh?
(i) Cén fhoireann iománaíochta/peile is fearr leat?

2

Foclóir ABC

Iománaíocht	*Hurling*	Rugbaí	*Rugby*
Galf	*Golf*	Snúcar	*Snooker*
Leadóg	*Tennis*	Snámh	*Swimming*
Seoltóireacht	*Sailing*	Ficheall	*Chess*
Haca	*Hockey*	Camógaíocht	*Camogie*
Cispheil	*Basketball*	Eitpheil	*Volleyball*

Cluiche ceannais	*Final*	Cluiche leathcheannais	*Semi-final*
Réiteoir	*Referee*	Corn	*Cup*
Cúl báire	*Goalkeeper*	Léig	*League*

Lúthchleasaíocht	*Athletics*	Bonn óir	*Gold medal*
Bonn airgid	*Silver medal*	Bonn cré-umha	*Bronze medal*
Na Cluichí Oilimpeacha		*The Olympic Games*	

Suimiúil	*Interesting*	Leadránach	*Boring*
Corraitheach	*Exciting*	Uafásach	*Terrible*

Cúirt leadóige	*Tennis court*	Liathróid	*Ball*
Bróga reatha	*Runners*	Raicéad	*Racket*
Cúirt cispheile	*Basketball court*	Clogad	*Helmet*

Brú	*Pressure*	Urraíocht	*Sponsorship*
Drugaí	*Drugs*	Ráflaí	*Rumours*
Brabús	*Profit*	Baolach	*Dangerous*

3

Foclóir ABC

Ceanglaím	*I tie*	Ithim	*I eat*
Ólaim	*I drink*	Fágaim	*I leave*
Beirim	*I catch*	Caithim	*I throw*
Buailim le	*I meet with*	Cuirim	*I put*

Topic 6: Laethanta saoire/Holidays

1

(a) Cá ndeachaigh tú ar do laethanta saoire anuraidh?
(b) Céard a rinne tú i rith an lae?
(c) An raibh tú riamh thar lear?
(d) Cén tír is fearr leat ar domhan?
(e) An fearr leat saol na tuaithe nó saol na cathrach?
(f) An raibh tú riamh ag campáil?
(g) Déan cur síos ar an tsaoire is fearr a bhí agat riamh.
(h) Cén contae is fearr leat in Éirinn?
(i) Cén sórt aimsire a bhíonn againn in Éirinn i rith an tsamhraidh?

2

Foclóir ABC

An Fhrainc	*France*	An Spáinn	*Spain*
Meiriceá	*America*	Sasana	*England*
An Iodáil	*Italy*	Ceanada	*Canada*
An tuath	*The country*	Ag campáil	*Camping*
Mála droma	*Rucksack*	Puball	*Tent*
Láithreán campála	*Campsite*	Áiseanna	*Facilities*
An trá	*The beach*	Gaineamh	*Sand*
Na tonnta	*The waves*	Garda slándála	*Lifeguard*
Picnic	*Picnic*	Ceapairí	*Sandwiches*
An ghrian	*The sun*	Ag taitneamh	*Shining*
An ghaoth	*The wind*	Ag séideadh	*Blowing*
An bháisteach	*The rain*	Ag titim	*Falling*
Te	*Hot*	Fuar	*Cold*
An teocht	*The temperature*	Róthe	*Too hot*
Radhairc áille	*Beautiful sights*	Óstán	*Hotel*
Bialann	*Restaurant*	Freastalaí	*Assistant*
Linn snámha	*Swimming pool*	Dioscó	*Disco*
Teach lóistín	*B&B*	Turas	*Journey*
An t-aerfort	*The airport*	An t-eitleán	*The plane*
Na ticéid	*The tickets*	Pas	*Passport*
Na málaí	*The bags*	Bus speisialta	*Special bus*

3

Chuamar	*We went*	Shnámhamar	*We swam*
Luíomar	*We lay*	Shroicheamar	*We reached*
D'imríomar	*We played*	Thaispeánamar	*We showed*
Chonaiceamar	*We saw*	D'fhanamar	*We stayed*

Topic 7: An Ghaeltacht/An Ghaeilge/TG4
The Gaeltacht/Irish/TG4

1

(a) Ar chaith tú saoire sa Ghaeltacht riamh?
(b) Déan cur síos ar an tsaoire a chaith tú sa Ghaeltacht.
(c) Céard a dhéanann na daltaí sa Ghaeltacht gach lá?
(d) An bhfoghlaimíonn daltaí a lán Gaeilge sa Ghaeltacht?
(e) Céard atá ar eolas agat faoi TG4?
(f) Cén clár is fearr leat ar TG4?
(g) Ar thaitin an cúrsa Gaeilge don Ardteist leat?
(h) An féidir an cúrsa a fheabhsú?

2

Foclóir ABC

Na ceantair Ghaeltachta			
Conamara	Corca Dhuibhne	Oileáin Árann	An Rinn
Cúil Aodha	Dún na nGall	Ráth Chairn	

Imeachtaí sa Ghaeltacht	*Events in the Gaeltacht*
Damhsa gaelach	*Irish dancing*
Dramaíocht	*Drama*
Cluichí spóirt	*Sports games*
Comórtais	*Competitions*
Céilí	*Céilí*
Snámh	*Swimming*
Ranganna	*Classes*

Raidió na Gaeltachta	TG4	Raidió na Life

Clár raidió	*Radio programme*	Clár teilifíse	*TV programme*

Is maith liom	*I like*
Ní maith liom	*I don't like*
Ní bhíonn an t-am agam	*I don't have the time*
Féachaim ar TG4	*I watch TG4*
Is maith liom Hector	*I like Hector*

Bhí an cúrsa Gaeilge rófhada	*The Irish course was too long*
Bhí an cúrsa Gaeilge suimiúil	*The Irish course was interesting*
Thaitin an cúrsa Gaeilge liom	*I liked the Irish course*
Níor thaitin an cúrsa Gaeilge liom	*I didn't like the Irish course*

3

Foclóir ABC

Rinne mé	*I did*	D'fhreastail mé	*I attended*
Chuaigh mé	*I went*	Thaistil mé	*I travelled*
D'fhan mé	*I stayed*	D'fhoghlaim mé	*I learned*

Topic 8: An aimsir fháistineach/An modh coinníollach/ The future tense/The conditional mood

An aimsir fháistineach/The future tense

(a) Céard a dhéanfaidh tú an deireadh seachtaine seo chugainn?
(b) An samhradh seo chugainn an mbeidh tú ag obair?
(c) An bhliain seo chugainn an bhfreastalóidh tú ar an ollscoil?
(d) Céard a dhéanfaidh tú ar do bhreithlá?

Foclóir ABC

Rachaidh mé	*I will go*	Déanfaidh mé	*I will do*
Beidh mé	*I will be*	Oibreoidh mé	*I will work*
Féachfaidh	*I will watch*	Imreoidh mé	*I will play*
Siúlfaidh mé	*I will walk*	Léifidh mé	*I will read*
Cuirfidh me	*I will put*	Íosfaidh mé	*I will eat*

An samhradh seo chugainn

An samhradh seo chugainn **rachaidh mé** ar saoire chuig an bhFrainc le mo chairde. **Fanfaimid** in árasán cois trá agus **rachaimid** ag snámh san fharraige ghorm gach lá. **Tiocfaidh mé** ar ais tar éis coicíse agus ansin **gheobhaidh mé** post san óstán áitiúil. **Beidh mé** ag obair sa chistin ag ní na ngréithe agus **bainfidh mé** taitneamh as an bpost. Ag deireadh an tsamhraidh **rachaidh mé** chuig an ollscoil.

An modh coinníollach/The conditional mood

(a) Dá mbuafá an Lotto, céard a dhéanfá?
(b) Dá mbeadh a lán airgid agat, céard a dhéanfá?
(c) Dá mbéifeá i do phríomhoide, céard a dhéanfá?
(d) Dá mbeadh poll i do rothar, céard a dhéanfá?

Foclóir ABC

Rachainn	*I would go*	Thabharfainn	*I would give*
Cheannóinn	*I would buy*	Chuirfinn	*I would put*
Bheadh áthas orm	*I would be happy*	Dhéanfainn	*I would do*
D'fhanfainn	*I would stay*	D'fhágfainn	*I would leave*

Dá mbuafá an lotto, céard a dhéanfá leis an airgid?

Dá **mbuafainn** a lán airgid **bheadh** áthas an domhain orm. I dtosach **chuirfinn** glao ar mo chairde agus mo ghaolta chun an nuacht a insint dóibh. **Bheadh** cóisir mhór agam in óstán galánta agus ansin **rachainn** ar saoire fhada chuig an Spáinn le mo chairde scoile. **Chuirfinn** airgead i dtaisce sa bhanc agus **cheannóinn** carr nua do mo thuismitheoirí.

Topic 9: Ceisteanna agus freagraí

Foclóir ABC

An maith leat?	*Do you like?*	Is maith liom Ní maith liom
Ar mhaith leat?	*Would you like?*	Ba mhaith liom Níor mhaith liom
An bhfaca tú?	*Did you see?*	Chonaic mé Ní fhaca mé
An raibh tú?	*Were you?*	Bhí mé Ní raibh mé
An ndeachaigh tú	*Did you go?*	Chuaigh mé Ní dheachaigh mé
Ar imir tú?	*Did you play?*	D'imir mé Níor imir mé
An dtéann tú?	*Do you go?*	Téim Ní théim
An ndéanann tú?	*Do you do?*	Déanaim Ní dhéanaim
An gceannaíonn tú?	*Do you buy?*	Ceannaím Ní cheannaím

Ní thuigim an cheist sin.
I don't understand that question.

Caithfidh mé smaoineamh ar an gceist sin.
I have to think about that question.

Níl suim agam san ábhar sin.
I have no interest in that subject.

Níl rud ar bith ar eolas agam faoin ábhar sin.
I don't know anything about that subject.

Níor chuala mé an cheist.
I didn't hear the question.

Topic 10: Samplaí

Inis dom fút féin.

Bhuel, Seán is ainm dom. Tá mé ocht mbliana déag d'aois agus tá ceathrar i mo theaghlach. Is mise an duine is sine sa teaghlach. Tá deirfiúr amháin agam. Áine an t-ainm ata uirthi. Tá sí dhá bhliain déag d'aois agus tá sí sa chéad bhliain sa mheánscoil áitiúil.

Cá bhfuil tú i do chónaí?

Tá mé i mo chónaí i dTrá Lí i gContae Chiarraí. Is aoibhinn liom m'áit chónaithe. Tá feirm ag mo thuismitheoirí taobh amuigh den bhaile agus is aoibhinn liom an tuath. Tá a lán cairde agam sa cheantar agus téimid amach le chéile ag an deireadh seachtaine.

Cá dtéann sibh ag an deireadh seachtaine?

Uaireanta téimid chuig an bpictiúrlann agus uair sa mhí téimid chuig club oíche san óstán i lár an bhaile.

Céard ba mhaith leat a dhéanamh an bhliain seo chugainn?

Ba mhaith liom sos a ghlacadh ón staidéar agus ba mhaith liom dul chuig an Astráil ar feadh cúpla mí. Chuaigh mo chara ann an bhliain seo caite agus tá sí fós ag obair i Sydney.

An bhfuil suim agat san ollscoil?

Chuir mo thuismitheoirí iachall orm (they forced me) an fhoirm CAO a chomhlánú ach níl suim agam san ollscoil i láthair na huaire. Bhí mé ag obair mar fhreastalaí an samhradh seo caite i mbialann i lár an bhaile agus bhain mé an-taitneamh as. B'fhéidir go rachaidh mé ar ais ag obair ansin.

Céard a dhéanfaidh tú tar éis na hArdteiste?

Glacfaidh mé sos ar feadh tamaill agus ansin gheobhaidh mé post san ollmhargadh áitiúil.

An maith leat spórt?

Is aoibhinn liom spórt. Nuair a bhí mé sa dara bliain bhuaigh foireann cispheile na scoile corn an chontae agus bhí mé ar an bhfoireann. Níl an t-am agam anois chun spórt a imirt ach is maith liom sacar ar an teilifís.

Plean Staidéir/Study Plan

In this section you will find a useful study plan, which will help you to plan your revision in preparation for the exam.

The study plan allows you to allocate a specific date and time to revise each area of the Irish course.

The study plan also includes a handy 'Night Before' revision section. This feature will be useful for planning the key areas to look over on the night before your exam.

Remember, it is important to organise regular revision to make sure that you don't leave it all until the last minute. By using the Edco study plan you can make sure that you cover all the key topics at regular intervals before the exam.

Go n-éirí libh!

PLEAN STAIDÉIR

Dáta:				
Am:				
Roinn le hathscrúdú:				
Dáta:				
Am:				
Roinn le hathscrúdú:				
Dáta:				
Am:				
Roinn le hathscrúdú:				
Dáta:				
Am:				
Roinn le hathscrúdú:				
Dáta:				
Am:				
Roinn le hathscrúdú:				
Dáta:				
Am:				
Roinn le hathscrúdú:				

Oíche roimh ré:

Ranna le hathscrúdú:

PLEAN STAIDÉIR

Dáta:				
Am:				
Roinn le hathscrúdú:				
Dáta:				
Am:				
Roinn le hathscrúdú:				
Dáta:				
Am:				
Roinn le hathscrúdú:				
Dáta:				
Am:				
Roinn le hathscrúdú:				
Dáta:				
Am:				
Roinn le hathscrúdú:				
Dáta:				
Am:				
Roinn le hathscrúdú:				

Oíche roimh ré:

Ranna le hathscrúdú:

South Dublin Libraries
www.southdublinlibraries.ie